KB094217

NEW

가슴 설레는 일본 유학 생활
체험 회화문

どき
도 키 도 키
どき
일본어 초급 下

다락원

머리말

글로벌 경쟁력의 필수 요소인 외국어 습득 필요성은 인터넷 학습이 대중화된 현재도 여전히 유효하다. 우리와 가깝고도 먼 일본 또한 마찬가지이다. 양국은 정치적 경제적 문화적 상황 등에 따라 그 친소 정도가 요동치지만, 미래 시대의 동반자로서의 위상은 여전히 중대하다. 특히 최근엔 일본 여행이나 비즈니스뿐만 아니라 게임, 음악, 인터넷, 영화 등 다양한 매체를 통하여 일본어를 쉽게 접할 수 있게 되었다. 대학에서도 국제 감각을 지닌 글로벌 인재 육성을 도모하기 위해 일본어 자격증을 취득고자 하는 학생들의 욕구를 여전히 확인할 수 있으며, 교양과목으로 일본어를 선택하는 학생들 또한 양국의 관계 상황을 아랑곳하지 않고 여전히 존재하고 있다.

본 교재는 『NEW どきどき(도키도키) 일본어 초급 ❶』의 다음 단계로서 초급 후반부의 중요한 문법과 문형을 다루어 초급 과정을 마무리할 수 있도록 구성하였다.

です체와 ます체를 마스터한 정도의 학습 능력을 전제로, 동사의 て형, 가능형, 수수 표현, 양태 표현, 조건 표현과 같은 중요한 문법과 문형을 체계적으로 다루었다.

또한, 『NEW どきどき(도키도키) 일본어 초급 ❶』과 마찬가지로 한국인 대학생이 일본에 유학 혹은 어학연수를 갔을 때 겪게 되는 다양한 체험을 회화문에 담았다.

각 과는 회화문과 문형 포인트, 언어의 4기능인 읽기, 쓰기, 말하기, 듣기를 활용한 연습문제로 이루어져 있다.

- 한국인 대학생의 일본 유학기라는 스토리로 구성한 회화문은 일본에서 생활하면서 바로 사용할 수 있도록 정중하면서도 자연스러운 회화문을 수록하였다.

- 문형 포인트에서는 각 과에서 배우는 문형을 중심으로 간단한 설명과 다양한 예문을 통해 문형을 쉽게 익힐 수 있도록 배려하였다.

- 연습문제에서는 각 과에서 배운 내용을 확실하게 복습할 수 있도록, 문형 연습과 회화 연습, 작문 연습, 청해 연습을 통해 풍부한 연습을 할 수 있게끔 구성하였다.

아무쪼록 본 교재를 통하여 일본어 학습이 더욱 즐거워지고, 또한 그렇게 습득한 일본어를 통하여 각자가 원하는 목표를 달성할 수 있기를 기원하는 바이다.

저자 일동

이 책의 구성과 특징

이 책은 『NEW どきどき(도키도키) 일본어 초급 ❶』또는 です체와 ます체를 마스터 한 학습자를 대상으로 한 일본어 교재이다.

한국인 대학생이 일본에 유학 혹은 어학연수를 갔을 때 겪게 되는 다양한 체험으로 회화 문을 구성하여 더욱 실용적인 일본어 학습이 가능하도록 하였다. 동시에 초급 후반부의 중요한 문법과 문형을 단계적으로 익힐 수 있도록 구성하였다.

각 과는 학습 목표와 학습 포인트, 회화, 신출 단어, 문형 포인트, 문형 연습, 회화 연습, 작문 연습, 청해 연습으로 구성되어 있다.

학습 목표와 학습 포인트

각 과의 학습 목표와 학습해야 할 중요 문형을 정리하였다.

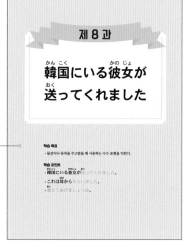

회화

한국인 대학생이 일본에서 생활하면서 체험한 생생한 내용으로 구성하였다.

신출 단어

각 파트에서 나오는 새로운 단어를 정리하였다.

문형 포인트

회화에 나오는 중요한 문법이나 문형 등을 간단한
설명과 다양한 예문으로 함께 정리하였다.

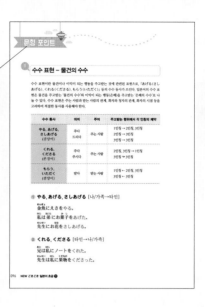

연습문제

언어의 4기능에 맞추어 〈문형 연습〉〈회화 연습〉〈작문 연습〉〈청해 연습〉으로 구성하였다.

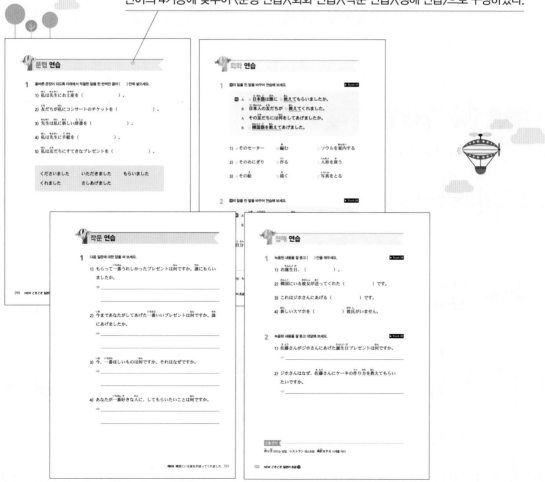

학습 목표 및 학습 포인트

제1과

コーヒーを飲みながら本を読むのが好きです

학습 목표 | ・동시 동작을 나타내는 표현을 익힌다.
・청유 표현을 익힌다.
・희망형을 익힌다.

학습 포인트 | ・コーヒーを飲みながら本を読むのが好きです。
・何か飲みませんか。
・私はアイスコーヒーが飲みたいです。

제2과

ぜひ連れて行ってください

학습 목표 | ・동사 て형과 가벼운 명령 표현을 익힌다.
・역접 조사를 익힌다.

학습 포인트 | ・ぜひ連れて行ってください。
・まだ時間が早いのに人でいっぱいですね。

제3과

今、何をしていますか

학습 목표 | ・동작의 진행과 결과의 상태를 나타내는 표현을 익힌다.
・동사의 た형을 익힌다.

학습 포인트 | ・今、何をしていますか。
・観光客も増えたと聞きました。

제4과

今日の勉強会、休んでもいいですか

학습 목표 | ・금지 표현을 익힌다.
・허가 표현을 익힌다.

학습 포인트 | ・食べすぎてはいけないのに。
・今日の勉強会、休んでもいいですか。

제 5 과　バイトをしたことがありますか

학습 목표 ｜　• 이유나 원인을 나타내는 표현을 익힌다.
　　　　　　　• 과거의 경험을 나타내는 표현을 익힌다.

학습 포인트｜　• 生活費くらいは自分で稼ぎたいですからね。
　　　　　　　• バイトをしたことがありますか。

제 6 과　洗濯をしたり、食料品を買いに行ったりしました

학습 목표 ｜　• 사항을 열거할 때 사용하는 표현과 동작의 목적을 나타내는 표현을 익힌다.
　　　　　　　• 충고 표현을 익힌다.

학습 포인트｜　• 洗濯をしたり、食料品を買いに行ったりしました。
　　　　　　　• 早く書いた方がいいですよ。

제 7 과　納豆も食べることができますか

학습 목표 ｜　• 가능형을 익힌다.
　　　　　　　• 가능형을 활용한 표현을 익힌다.

학습 포인트｜　• 納豆も食べることができますか。
　　　　　　　• だんだん食べられるようになりました。

제 8 과　韓国にいる彼女が送ってくれました

학습 목표 ｜　• 물건이나 동작을 주고받을 때 사용하는 수수 표현을 익힌다.

학습 포인트｜　• 韓国にいる彼女が送ってくれました。
　　　　　　　• これは母からもらいました。
　　　　　　　• 教えてあげましょうか。

제 9 과　下手でも笑わないでくださいね

학습 목표 ｜　• 동사의 ない형을 익힌다.
　　　　　　　• 부정문에 접속하는 조사를 익힌다.

학습 포인트｜　• 下手でも笑わないでくださいね。
　　　　　　　• たまにしか来ません。

목차

등장인물

김지호(金ジホ)

한국대학교 3학년
한국대학교에서 일본대학교로 온 교환학생

사토 가오리(佐藤香)

일본대학교 대학원생
한국에서 교환학생으로 온 김지호의 튜터

기무라 아키코(木村あき子)

일본대학교 3학년
교환학생 김지호와 친한 일본대학교 학부생

제 1 과

コーヒーを飲みながら本を読むのが好きです

학습 목표

- 동시 동작을 나타내는 표현을 익힌다.
- 청유 표현을 익힌다.
- 희망형을 익힌다.

학습 포인트

- コーヒーを飲みながら本を読むのが好きです。
- 何か飲みませんか。
- 私はアイスコーヒーが飲みたいです。

佐藤（さとう）　あ、ジホさん。ここでよく会（あ）いますね。

金ジホ（キム）　私（わたし）はここでコーヒーを飲（の）みながら本（ほん）を読（よ）むのが好（す）きです。
佐藤（さとう）さんも何（なに）か飲（の）みませんか。

佐藤（さとう）　そうですね。一緒（いっしょ）に飲（の）みましょう。

金ジホ（キム）　何（なに）にしましょうか。

佐藤（さとう）　そうですね。私（わたし）はアイスコーヒーが飲（の）みたいです。

ジホさんは？

金ジホ（キム）　私（わたし）はホットコーヒーにします。

佐藤　すみません。アイスコーヒーとホットコーヒーください。

（커피를 마시면서）

佐藤　今度のゴールデンウィークに、どこか行きますか。

金ジホ　はい。友だちと東京ディズニーランドに行くつもりです。
それから、温泉にも行きたいですが、この近くに有名な
温泉はありませんか。

佐藤　箱根温泉が近くていいですよ。

金ジホ　佐藤さんも一緒に行きませんか。

佐藤　私はずっとバイトです。
また今度、一緒に行きましょう。

신출 단어

よく 자주, 잘 | 会う 만나다 | コーヒー 커피 | 飲む 마시다 | ～ながら ～(하)면서 | 本 책 | 読む 읽다 | 好きだ 좋아하다 |
何か 뭔가 | ～ませんか ～(하)지 않겠습니까? | 一緒に 함께, 같이 | ～ましょう ～(하)죠, ～(합)시다 | ～にする ～로 하다 |
～ましょうか ～(할)까요? | アイスコーヒー 아이스커피 | ～たい ～(하)고 싶다 | ホットコーヒー 따뜻한 커피 |
すみません 저기요 | ください 주세요 | 今度 이번, 다음 | ゴールデンウィーク 골든위크, 황금연휴 | どこか 어딘가 |
行く 가다 | 友だち 친구 | 東京ディズニーランド 도쿄 디즈니랜드 | ～つもりだ ～(할) 생각이다, ～(할) 작정이다 |
それから 그리고, 그러고 나서 | 温泉 온천 | 近く 근처 | 有名だ 유명하다 | 箱根 하코네(지명) | 近い 가깝다 | いい 좋다 |
ずっと 계속, 쭉 | バイト 아르바이트

1 〜ながら　　〜(하)면서

동사의 ます형에 접속된다. 두 가지 일을 동시에 할 때 쓰는 표현으로, 동시동작을 나타낸다. 참고로 한 가지 일을 하면서 동시에 다른 일을 병행하는 습관이 있는 사람을 「ながら族」라고 한다.

ラジオを聞きながら日本語の勉強をします。

ジュースを飲みながらテレビを見ます。

歩きながら考えます。

2 〜ませんか　　〜(하)지 않겠습니까?

동사의 ます형에 접속된다. 「〜ますか」의 완곡한 표현으로, 정중하게 상대방 의향을 물을 때 사용한다.

どこか行きませんか。

どこかでお茶を飲みながら話しませんか。

一緒に映画でも見ませんか。

3 〜ましょう　　　　〜(하)죠, 〜(합)시다
〜ましょうか　　　〜(할)까요?

동사의 정중한 청유형이다. 상대방에게 뭔가를 권유하거나 제안할 때 사용한다.

さあ、帰りましょう。

先生に会いましょう。

タクシーに乗りましょうか。

④ 〜たい　　〜(하)고 싶다

조동사 「〜たい」는 동사의 ます형에 접속되며, い형용사와 같이 활용된다. 「〜たい」는 그 대상이 되는 말 뒤에 조사 「が」를 취하는 것이 원칙이나, 요즘에는 「を」를 취하는 현상이 보인다. 긍정 표현은 「〜たい」, 부정 표현은 「〜たくない (〜たくありません)」이다. 말하는 사람 자신의 희망을 나타내거나 상대방의 희망을 물을 때 사용하며, 제3자의 희망을 나타낼 때에는 「〜を〜たがる」 표현을 사용한다.

기본형	긍정 표현 (〜たい)	부정 표현 (〜たくない)
買う 사다	買いたい	買いたくない
読む 읽다	読みたい	読みたくない
行く 가다	行きたい	行きたくない
見る 보다	見たい	見たくない
食べる 먹다	食べたい	食べたくない

ほかにも行きたいところがありますか。

おいしいパンが食べたいです。

冷たいジュースが飲みたいです。

彼はジュースを飲みたがる。

신출 단어

ラジオ 라디오 | 聞く 듣다 | 日本語 일본어 | 勉強 공부 | ジュース 주스 | テレビ 텔레비전 | 見る 보다 | 歩く 걷다 | 考える 생각하다 | お茶 차 | 話す 이야기하다 | 映画 영화 | 〜でも 〜라도 | さあ 자, 어서 | 帰る 돌아가다, 돌아오다 | 先生 선생님 | タクシー 택시 | 乗る 타다 | ほかにも 그 밖에도 | ところ 곳, 장소 | おいしい 맛있다 | パン 빵 | 食べる 먹다 | 冷たい 차갑다 | 彼 그 | 〜たがる (제3자가) 〜(하)고 싶어 하다

5 〜つもりだ　　　〜(할) 생각이다, 〜(할) 작정이다

동사의 기본형에 접속된다. 화자의 의지나 예정을 나타낸다. 아직 정해진 것은 아니지만, 계획하고 있는 생각이나 의도를 나타낸다. 이에 대한 부정 표현은 「〜ないつもりだ」이다.

あなたは明日、何をするつもりですか。

ぼくはアメリカに行くつもりです。

今年は実家に帰らないつもりです。

신출 단어

ぼく 나(남성어)｜**アメリカ** 미국｜**今年** 올해｜**実家** 친가, 친정, 본가

1 예와 같이 문장을 완성하세요.

> 예 音楽を聞く / 勉強をする
> → 音楽を聞きながら勉強をします。

1) ご飯を食べる / 新聞を読む

➡ _____

2) 道を歩く / 話をする

➡ _____

3) よく考える / 話す

➡ _____

4) 辞書を引く / 宿題をする

➡ _____

5) 笑う / 手紙を読む

➡ _____

신출 단어

音楽 음악 | ご飯 밥 | 新聞 신문 | 道 길 | 話 이야기 | 辞書を引く 사전을 찾다 | 宿題 숙제 | 笑う 웃다 | 手紙 편지

2 例와 같이 바꾸어 써 보세요.

> 例 日本へ行く → 日本へ行きたいです。
> → 日本へ行きたくありません。
> 日本へ行きたくないです。

1) たばこを吸う

　➡ _____

　➡ _____

　　 _____

2) 彼女に会う

　➡ _____

　➡ _____

　　 _____

3) 飛行機に乗る

　➡ _____

　➡ _____

　　 _____

4) クラシックを聞く ➡ _____

　➡ _____

　　 _____

🔖 신출 단어

たばこを吸う 담배를 피우다 | 彼女 그녀, 여자 친구 | 飛行機 비행기 | クラシック 클래식

1 例의 밑줄 친 말을 바꾸어 연습해 보세요. ▶ Track 02

> 例 A ちょっと a <u>コーヒー</u>でも b <u>飲み</u>ませんか。
>
> B いいですね。
> じゃ、a <u>コーヒー</u>でも b <u>飲み</u>ながら c <u>話し</u>ましょう。

1) a 音楽 b 聞く c 休む

2) a 散歩 b する c 考える

3) a カップラーメン b 食べる c テレビを見る

신출 단어

ちょっと 잠시, 잠깐 | じゃ 자, 그럼 | 休む 쉬다 | 散歩 산책 | カップラーメン 컵라면

2 예의 밑줄 친 말을 바꾸어 연습해 보세요. ▶ Track 03

> 예 A 今週の日曜日に何をするつもりですか。
>
> B a 家で本を読むつもりです。
>
> A それからまた何をしますか。
>
> B そうですね。
>   それから b 公園を散歩したいですね。

1) a 部屋の掃除をする　　b 料理を作る

2) a プールで泳ぐ　　b 彼女とデートする

3) a ビデオを見る　　b レポートを書く

신출 단어

今週 이번 주 | **日曜日** 일요일 | **家** 집 | **また** 또, 또다시 | **公園** 공원 | **部屋** 방 | **掃除** 청소 | **料理** 요리 | **作る** 만들다 |
プール 풀장, 수영장 | **泳ぐ** 헤엄치다, 수영하다 | **デート** 데이트 | **ビデオ** 비디오 | **レポート** 리포트 | **書く** 쓰다

1　다음 질문에 대한 답을 써 보세요.

1) あなたは週末に何をするつもりですか。

➡ _____

　 _____

2) 夏休み(冬休み)にしたいことは何ですか。

➡ _____

　 _____

3) 二つのことを同時にするときがありますか。どんなことですか。

➡ _____

　 _____

4) 日本旅行でしたいことは何ですか。

➡ _____

　 _____

신출 단어

週末 주말 | **夏休み** 여름방학, 여름휴가 | **冬休み** 겨울방학, 겨울휴가 | **こと** 것, 일 | **二つ** 둘, 두 개 | **同時に** 동시에, 같이 |
とき 때 | **日本旅行** 일본 여행

1　녹음된 내용을 잘 듣고(　)안을 채우세요.　　　　　　　　　　▶ Track 04

1) コーヒーを（　　　　　　　　）本を読むのが好きです。

2) 今度の（　　　　　　　）に、どこか行きますか。

3) 友だちと東京ディズニーランドに（　　　　　　　）です。

4) 温泉にも（　　　　　　）ですが、この（　　　　　　）
有名な温泉はありませんか。

2　녹음된 내용을 잘 듣고 대답해 보세요.　　　　　　　　　　▶ Track 05

1) 今度のゴールデンウィークにジホさんは何をするつもりですか。

　➡ _____

2) 今度のゴールデンウィークに佐藤さんは何をしますか。

　➡ _____

신출 단어 ◢

コーヒーショップ 커피숍 ｜ ～と言う ～라고 (말)하다 ｜ 二人 두 사람 ｜ でも 하지만 ｜ 忙しい 바쁘다

ぜひ連れて
行ってください

학습 목표

- 동사 て형과 가벼운 명령 표현을 익힌다.
- 역접 조사를 익힌다.

학습 포인트

- ぜひ連れて行ってください。
- まだ時間が早いのに人でいっぱいですね。

佐藤　ジホさん、今週の土曜日に花火大会がありますが、
　　　一緒に行きませんか。

金ジホ　ええ、ぜひ連れて行ってください。

(불꽃 축제 당일에)

金ジホ　日本の花火大会はすごいですね。
　　　　まだ時間が早いのに人でいっぱいですね。

佐藤　日本人には夏の楽しみの一つで、いい場所を取るために
　　　朝から人が集まるからです。

(불꽃을 바라보면서)

金ジホ　わあ、とてもきれいで、音もすごいですよ。

佐藤　音があまりにも大きくて、花火大会に初めて来る人は
びっくりしますね。

金ジホ　うわ、花火の種類も多いですね。

佐藤　ええ、そうですね。作品と言っていいくらいです。

金ジホ　ところで、早くから来てお腹が空きましたね。

佐藤　あそこに焼きそばとお好み焼きなどのお店がありますが、
行ってみましょうか。

金ジホ　はい、そうしましょう。

신출 단어

土曜日 토요일 | **花火大会** 불꽃 축제 | **ぜひ** 꼭, 반드시 | **連れて行く** 데려가다 | **～てください** ～(해) 주세요 |
日本 일본 | **すごい** 굉장하다, 엄청나다 | **まだ** 아직 | **時間** 시간 | **早い** 이르다, 빠르다 | **～のに** ～인데도 | **人** 사람 |
いっぱいだ 가득하다, 많다 | **日本人** 일본인 | **夏** 여름 | **楽しみ** 즐거움, 기대 | **一つ** 하나 | **場所** 곳, 장소 |
取る 잡다, 차지하다 | **～ために** ～위해서 | **朝から** 아침부터 | **集まる** 모이다 | **～から** ～때문에 | **とても** 매우, 대단히 |
きれいだ 예쁘다 | **音** 소리 | **あまりにも** 너무나도 | **大きい** 크다 | **初めて** 처음(으로) | **来る** 오다 |
びっくりする (깜짝) 놀라다 | **種類** 종류 | **多い** 많다 | **作品** 작품 | **くらい** 정도 | **ところで** 그런데 | **早く** 일찍, 빨리 |
お腹が空く 배가 고프다 | **焼きそば** 야키소바 | **お好み焼き** 오코노미야키 | **など** 등, 따위 | **お店** 가게 |
～てみる ～(해) 보다

1 동사의 て형 ~(하)고, ~(해)서

동사의 て형은 두 문장을 한 문장으로 연결하여 원인이나 이유, 순서를 나타낸다.

동사의 종류	기본형	활용 방법		て형
1그룹동사	言う 말하다	어미가 う, つ, る	っ (촉음편)	言って
	立つ 서다			立って
	売る 팔다			売って
	書く 쓰다	어미가 く, ぐ	い (い음편)	書いて
	泳ぐ 헤엄치다			泳いで
	死ぬ 죽다	어미가 ぬ, ぶ, む	ん (발음편)	死んで
	遊ぶ 놀다			遊んで
	住む 살다			住んで
어미가 す로 끝나는 1그룹동사	話す 이야기하다	ます형		話して
2그룹동사	見る 보다			見て
	食べる 먹다			食べて
3그룹동사	来る 오다			来て
	する 하다			して

* 예외: 行く → 行って (촉음편)

のどが渇いてたまりません。

飲み会でお酒を飲んで頭が痛いです。

事故があって電車が動きませんでした。

一人で映画を見て、ご飯を食べて、買い物をして帰りました。

2 ～てください　　～(해) 주세요

「～てください」를 한국어로 옮기면 정중한 느낌이 들지만 일본어는 명령에 가까운 표현이므로, 부탁할 경우에는 「すみません、～てください 미안합니다, ~해 주세요」「すみません、～てくださいませんか 미안합니다, ~해 주시지 않겠습니까?」 형식을 사용하는 것이 좋다.

すみません、本を取ってください。

大きい声で話してください。

ちょっと来てくださいませんか。

3 ～のに　　～인데도

동사와 い형용사는 연체형(동사가 명사를 수식하는 형태)에, な형용사와 명사는 「～なのに」와 같이 접속된다. 역접의 의미를 나타낸다.

彼はお金があるのに、何も買いません。

このパンは安いのに、すごくおいしい。

佐藤さんはきれいなのに、彼氏がいない。

夏なのに、今年はあまり暑くありません。

신출 단어

のどが渇く 목이 마르다 ｜ たまる 참다 ｜ 飲み会 회식, 술자리 ｜ お酒 술 ｜ 頭 머리 ｜ 痛い 아프다 ｜ 事故 사고 ｜ 電車 전철 ｜ 動く 움직이다 ｜ 一人で 혼자서 ｜ 買い物 쇼핑 ｜ 声 목소리 ｜ ～てくださいませんか ~해 주시지 않겠습니까? ｜ お金 돈 ｜ 買う 사다 ｜ 安い 싸다 ｜ すごく 굉장히 ｜ 彼氏 남자 친구 ｜ あまり 그다지, 별로 ｜ 暑い 덥다

4 ～ために　　～위해서

목적을 나타내는 표현이다. 동사는 기본형에, 명사는 「～のために」와 같이 접속된다.

約束を守るためにうそをつきました。

母のために花を買いました。

日本語の勉強のために日本に行きたい。

5 ～てみる　　～(해) 보다

어떤 동작을 시험 삼아 해 볼 때 쓰는 표현이다. 그리고 여기 쓰인 「みる」는 '시도하다'라는 뜻의 보조동사로 쓰였기 때문에 히라가나로 쓴다.

私がやってみます。

早く行ってみたいです。

鈴木さんに一度会ってみます。

신출 단어

約束 약속 | 守る 지키다 | うそをつく 거짓말하다 | 母 (나의) 어머니 | 花 꽃 | やる 하다 | 一度 한번

문형 연습

1 예와 같이 문장을 완성하세요.

> 예　新聞を読む / ご飯を食べる
> → 新聞を読んでご飯を食べます。

1) 部屋に入る / 電話をかける

　➡ _____

2) 友だちを呼ぶ / 一緒に遊ぶ

　➡ _____

3) 母を手伝う / 料理をする

　➡ _____

4) ちょっと休む / また始める

　➡ _____

5) 友だちと別れる / 一人で帰る

　➡ _____

신출 단어

入る 들어가다, 들어오다 | 電話をかける 전화를 걸다 | 呼ぶ 부르다 | 遊ぶ 놀다 | 手伝う 돕다 | 始める 시작하다 |
別れる 헤어지다

2 예와 같이 바꾸어 써 보세요.

> **예** 午後3時までに来る　→　午後3時までに来てください。

1) 朝早く起きる　➡ _____

2) 寝る前に歯を磨く　➡ _____

3) 図書館に本を返す　➡ _____

4) 大きい声で読む　➡ _____

3 예와 같이 문장을 완성하세요.

> **예** 悲しい / 涙が出ません　→　悲しいのに涙が出ません。

1) うれしい / 笑いません　➡ _____

2) 熱がある / 出かけます　➡ _____

3) にぎやかだ / 寂しいです　➡ _____

4) 先生 / よく知りません　➡ _____

신출 단어

午後 오후 | 3時 3시 | ～までに ～까지는 | 朝早く 아침 일찍 | 起きる 일어나다 | 寝る 자다 | 前に 전에 |
歯を磨く 양치하다 | 図書館 도서관 | 返す 돌려주다, 반납하다 | 悲しい 슬프다 | 涙が出る 눈물이 나다 |
うれしい 기쁘다 | 熱がある 열이 있다 | 出かける 외출하다 | にぎやかだ 떠들썩하다 | 寂しい 외롭다 | 知る 알다

1 예의 밑줄 친 말을 바꾸어 연습해 보세요. ▶ Track 07

> 예 A これから何^{なに}をしますか。
>
> B a 家^{いえ}に帰^{かえ}って b ご飯^{はん}を食^たべます。
>
> A その後^{あと}は何^{なに}をしますか。
>
> B c テレビを見^みて d 寝^ねます。

1) a プールに行^いく   b 泳^{およ}ぐ
   c 友^{とも}だちと会^あう   d ビールを飲^のむ

2) a シャワーを浴^あびる   b 休^{やす}む
   c 買^かい物^{もの}をする   d 料理^{りょうり}を作^{つく}る

3) a 本^{ほん}を買^かう   b 読^よむ
   c 公園^{こうえん}に行^いく   d 散歩^{さんぽ}をする

신출 단어

これから 이제부터 | 後^{あと} 나중, 다음 | ビール 맥주 | シャワーを浴^あびる 샤워를 하다

2 에의 밑줄 친 말을 바꾸어 연습해 보세요. ▶ Track 08

> **예** A 私も a 連れて行ってください。
>
> B じゃ、b 明日、朝10時までに来てください。
>
> それから、c お弁当も持って来てください。

1) a 作る   b 1000円出す   c 一週間待つ

2) a 仲間に入れる   b パーティーに来る   c 自己紹介をする

3) a 貸す   b きれいに使う   c 早く返す

4) a 教える   b よく聞く   c よく覚える

신출 단어

明日 내일 | **お弁当** 도시락 | **持って来る** 가지고 오다 | **出す** 내다 | **一週間** 일주일간, 일주일 동안 | **待つ** 기다리다 |
仲間 친한 친구, 집단, 동료 | **入れる** 넣다 | **パーティー** 파티 | **自己紹介** 자기소개 | **貸す** 빌려주다 | **きれいに** 깨끗하게 |
使う 사용하다 | **教える** 가르치다 | **覚える** 외우다

작문 연습

1 다음 질문에 대한 답을 써 보세요.

1) 外国の友だちを韓国のどこへ連れて行きたいですか。

➡ _____

_____

2) なぜ、夏に花火大会をすると思いますか。

➡ _____

_____

3) 韓国人の夏の楽しみは何ですか。

➡ _____

_____

4) 日本に行って経験してみたいことは何ですか。

➡ _____

_____

신출 단어

外国 외국 | **韓国** 한국 | **なぜ** 어째서, 왜 | **〜と思う** 〜라고 생각하다 | **韓国人** 한국인 | **経験する** 경험하다

1 녹음된 내용을 잘 듣고 ( ) 안을 채우세요.　　　　　　　▶ Track 09

1) 今週の土曜日に（　　　　　　　　）があります。

2) ぜひ（　　　　　　　）ください。

3) まだ時間が（　　　　　　　　　）人でいっぱいですね。

4) いい（　　　　　　）ために朝から人が集まるからです。

2 녹음된 내용을 잘 듣고 대답해 보세요.　　　　　　　　　　▶ Track 10

1) まだ時間が早いのに、なぜ花火大会は人でいっぱいですか。

　➡ _____

2) 花火大会での花火はどうでしたか。

　➡ _____

신출 단어

それに 게다가 | それで 그래서 | どう 어떻게

제 3 과

今、
何をしていますか

いま

なに

학습 목표

• 동사의 진행과 결과의 상태를 나타내는 표현을 익힌다.
• 동사의 た형을 익힌다.

학습 포인트

• 今、何をしていますか。
いま　なに

• 観光客も増えたと聞きました。
かんこうきゃく　ふ　き

木村 きむら	もしもし、ジホさんですか。 木村_{きむら}です。
金ジホ キム	あ、木村_{きむら}さん。
木村 きむら	今_{いま}、何_{なに}をしていますか。
金ジホ キム	ドラマを見_みています。
木村 きむら	ジホさんはドラマをよく見_みますか。
金ジホ キム	韓国_{かんこく}ではあまり見_みませんでしたが、日本_{にほん}に来_きてからは日本語_{にほんご}の勉強_{べんきょう}のためによく見_みています。
木村 きむら	私_{わたし}も、日本_{にほん}での韓流_{はんりゅう}ブームで「冬_{ふゆ}のソナタ」を見_みてから、韓国_{かんこく}ドラマが好_すきになりました。
金ジホ キム	そうですか。
木村 きむら	最近_{さいきん}はヒョンビンさんが出_でている「愛_{あい}の不時着_{ふじちゃく}」も見_みましたよ。韓国_{かんこく}の俳優_{はいゆう}は本当_{ほんとう}にすてきですね。
金ジホ キム	私_{わたし}はまだ見_みてないですが、そのドラマは日本_{にほん}でも大人気_{だいにんき}で、日本_{にほん}から韓国_{かんこく}に来_くる観光客_{かんこうきゃく}が増_ふえたと聞_ききました。

신출 단어

もしもし 여보세요 | 今 지금 | ~ている ~(하)고 있다 | ドラマ 드라마 | ~てから ~(하)고 나서, ~(한) 후 |
韓流ブーム 한류 붐 | 冬のソナタ 겨울 소나타 | 好きになる 좋아지다 | 最近 최근, 요즘 | 出ている 나오다 |
愛の不時着 사랑의 불시착 | 俳優 배우 | 本当に 정말로 | すてきだ 멋지다 | 大人気 대인기, 큰 인기 | 観光客 관광객 |
増える 늘다

1 동사의 た형   ~(했)다

동사의 た형은 과거나 완료를 나타낸다. 만드는 방법은 て형과 같다.

동사의 종류	기본형	활용 방법		た형
1그룹동사	言う 말하다	어미가 う, つ, る	っ (촉음편)	言った
	立つ 서다			立った
	売る 팔다			売った
	書く 쓰다	어미가 く, ぐ	い (い음편)	書いた
	泳ぐ 헤엄치다			泳いだ
	死ぬ 죽다	어미가 ぬ, ぶ, む	ん (발음편)	死んだ
	遊ぶ 놀다			遊んだ
	住む 살다			住んだ
어미가 す로 끝나는 1그룹동사	話す 이야기하다			話した
2그룹동사	見る 보다	ます형		見た
	食べる 먹다			食べた
3그룹동사	来る 오다			来た
	する 하다			した

＊ 예외: 行く → 行った (촉음편)

昨日読んだ本はつまらなかったです。

私が話したことは忘れてください。

花火大会にジホさんも行ったと聞きました。

2 ～ている   ~(하)고 있다

동사의 て형에 「いる」가 붙어서 동작의 진행을 나타내거나 결과, 상태가 지속됨을 나타내는 표현이다.

❶ 동작의 진행

움직임을 나타내는 동작 동사에 「～ている」를 붙여 동작의 진행을 나타낸다.

ジホさんは図書館で本を読んでいます。

朝ご飯を食べています。

今日も雨が降っています。

❷ 결과의 상태

동작, 작용이 순간적으로 끝나 버리거나 상태를 나타내는 동사를 써서 동작의 결과가 계속됨을 나타낸다.

庭にバラの花が咲いています。

車が止まっています。

さいふが落ちています。

신출 단어

昨日 어제 | つまらない 시시하다, 따분하다 | 忘れる 잊다 | 朝ご飯 아침밥 | 今日 오늘 | 雨 비 | 降る 내리다 |
庭 정원 | バラの花 장미꽃 | 咲く 피다 | 車 차 | 止まる 멈추다 | さいふ 지갑 | 落ちる 떨어지다

3 **〜てから**   ~(하)고 나서, ~(한) 후

동사의 て형에 연결되며, て형보다 동작의 순서와 시간적인 전후 관계를 강조할 때 사용된다.

昼ご飯は、授業を聞いてから学食で食べます。

日本に来てから1年になります。

宿題をしてからテレビを見ました。

4 **〜になる**   ~이/가 되다, ~(하)게 되다

변화를 나타내는 표현으로, 명사와 な형용사에는 「〜になる」로, い형용사는 어간에 「〜くなる」로 접속한다.

田中さんは医者になりました。

ジホさんは日本語が上手になりました。

天気がよくなりました。

신출 단어

昼ご飯 점심밥 | 授業 수업 | 学食 학교 식당 | 1年 1년 | なる 되다 | 医者 의사 | 上手だ 잘하다, 능숙하다 | 天気 날씨

문형 연습

1 예와 같이 바꾸어 써 보세요.

예 飲む → 飲んだ → 飲んでいる

1) 走る ⇒ _____ ⇒ _____

2) 勉強する ⇒ _____ ⇒ _____

3) 考える ⇒ _____ ⇒ _____

4) 習う ⇒ _____ ⇒ _____

5) 落ちる ⇒ _____ ⇒ _____

6) 探す ⇒ _____ ⇒ _____

7) 遊ぶ ⇒ _____ ⇒ _____

8) 寝る ⇒ _____ ⇒ _____

신출 단어

走る 달리다 | 習う 배우다 | 探す 찾다

2 例와 같이 바꾸어 써 보세요.

> 例 もうすっかり秋だ → もうすっかり秋になりました。

1) 日本語がうまい

　⇒ _____

2) 国が豊かだ

　⇒ _____

3) 料理がまずい

　⇒ _____

4) すてきな社会人だ

　⇒ _____

5) 部屋がきれいだ

　⇒ _____

6) 立派な先生だ

　⇒ _____

신출 단어

もう 이제, 벌써 ｜ すっかり 완전히, 완연히 ｜ 秋 가을 ｜ うまい 잘하다, 능숙하다 ｜ 国 나라, 국가 ｜ 豊かだ 풍요롭다 ｜
まずい 맛없다 ｜ 社会人 사회인 ｜ きれいだ 깨끗하다 ｜ 立派だ 훌륭하다

1 예의 밑줄 친 말을 바꾸어 연습해 보세요. ▶ Track 12

> 예 A 木村さんは誰ですか。
>
> B あそこの、a めがねをかけている人です。
>
> A え、誰ですか。
>
> B ほら、あそこの、a めがねをかけて、b 赤いセーターを着ている人ですよ。

1) a ぼうしをかぶる　　　　　b ベンチに座る

2) a 机の前に立つ　　　　　　b たばこを吸う

3) a ソファーに座る　　　　　b 音楽を聞く

4) a かばんを持つ　　　　　　b 木のよこに立つ

신출 단어

誰 누구 | めがねをかける 안경을 쓰다 | ほら 자, 이봐 | 赤い 붉다, 빨갛다 | セーター 스웨터 | 着る 입다 |
ぼうしをかぶる 모자를 쓰다 | ベンチ 벤치 | 座る 앉다 | 机 책상 | 立つ 서다 | ソファー 소파 | かばん 가방 |
持つ 들다 | 木 나무 | よこ 옆

2 예의 밑줄 친 말을 바꾸어 연습해 보세요. ▶ Track 13

> 예 A ａ <ruby>最近<rt>さいきん</rt></ruby>、<ruby>本当<rt>ほんとう</rt></ruby>に ｂ <ruby>暑<rt>あつ</rt></ruby>くなりましたね。
>
> 　　B 　ええ、もうすっかり ｃ <ruby>夏<rt>なつ</rt></ruby>ですね。

1) ａ <ruby>木村君<rt>き む らくん</rt></ruby>　　　　　ｂ <ruby>大<rt>おお</rt></ruby>きい　　　　　ｃ <ruby>大人<rt>おとな</rt></ruby>

2) ａ よしこさん　　　　ｂ きれいだ　　　　ｃ レディー

3) ａ <ruby>佐藤君<rt>さ とうくん</rt></ruby>　　　　　ｂ まじめだ　　　　ｃ <ruby>優等生<rt>ゆうとうせい</rt></ruby>

4) ａ ひろこさん　　　　ｂ <ruby>忙<rt>いそが</rt></ruby>しい　　　　ｃ <ruby>有名人<rt>ゆうめいじん</rt></ruby>

신출 단어

<ruby>君<rt>くん</rt></ruby> 군(손아랫사람의 이름 뒤에 붙여 부름) | <ruby>大人<rt>おとな</rt></ruby> 어른, 성인 | **レディー** 레이디, 숙녀 | **まじめだ** 성실하다 |
<ruby>優等生<rt>ゆうとうせい</rt></ruby> 우등생 | <ruby>有名人<rt>ゆうめいじん</rt></ruby> 유명인

작문 연습

1 다음 질문에 대한 답을 써 보세요.

1) あなたはドラマをよく見ますか。どんなドラマが好きですか。

　➡ _____

　_____

2) 日本のドラマも好きですか。どんなところが好きですか。

　➡ _____

　_____

3) 好きな俳優は誰ですか。理由は何ですか。

　➡ _____

　_____

4) 一番面白かったドラマは何ですか。どんなところが面白かったですか。

　➡ _____

　_____

신출 단어

ところ 부분, 곳 | 理由 이유 | 一番 가장, 제일 | 面白い 재미있다

1 녹음된 내용을 잘 듣고 ( )안을 채우세요. ▶ Track 14

1) 日本に来てから（　　　　　　　　　）のためによくドラマを見て
います。

2) 私も、日本での（　　　　　　　　）で「冬のソナタ」を見てから、
韓国ドラマが好きになりました。

3) 最近は日本でも（　　　　　　　　）の「愛の不時着」も見ました
よ。

4) 韓国の（　　　　　　　　）は本当にすてきですね。

2 녹음된 내용을 잘 듣고 대답해 보세요. ▶ Track 15

1) ジホさんが、日本に来てからドラマをよく見ている理由は何で
すか。

➡ _____

2) 木村さんが、韓国ドラマが好きになったのはいつからですか。

➡ _____

신출 단어

いつ 언제 | しかし 그러나 | 大ファン 왕팬, 열성팬 | 観光 관광 | 〜に行く 〜(하)러 가다

제 4 과

きょう べんきょうかい
今日の勉強会、
やす
休んでもいいですか

학습 목표

• 금지 표현을 익힌다.
• 허가 표현을 익힌다.

학습 포인트

た
• 食べすぎてはいけないのに。
きょう べんきょうかい やす
• 今日の勉強会、休んでもいいですか。

佐藤　ジホさん、どうしたんですか。
　　　顔色が悪いですよ。

金ジホ　ちょっとお腹が痛くて。
　　　それに、気持ちも悪いです。

佐藤　もしかして、さっき焼き肉の食べ放題で食べすぎたん
　　　じゃありませんか。

金ジホ　そうかもしれませんね。
　　　最近、胃の調子が悪くて、食べすぎてはいけないのに。

佐藤　薬を飲むのがいいかもしれませんね。

金ジホ　すみませんが、今日の勉強会、休んでもいいですか。

佐藤　ええ、今日はゆっくり休んでください。

金ジホ　ありがとうございます。

佐藤　じゃ、次の勉強会はいつにしましょうか。

金ジホ　私は明日の午後でもいいですが、佐藤さんは？

佐藤 (さとう)	明日(あした)はバイトがあるので、来週(らいしゅう)の月曜日(げつようび)はどうですか。
金ジホ (キム)	はい、大丈夫(だいじょうぶ)です。
佐藤 (さとう)	じゃ、気(き)をつけて帰(かえ)ってください。

신출 단어 ◀

顔色(かおいろ) 안색 | 悪(わる)い 나쁘다 | お腹(なか)が痛(いた)い 배가 아프다 | 気持(きも)ちが悪(わる)い 기분이 나쁘다, 속이 거북하다 | もしかして 혹시 |

さっき 아까 | 焼(や)き肉(にく) 불고기 | 食(た)べ放題(ほうだい) 뷔페 | 食(た)べすぎる 너무 많이 먹다, 과식하다 | ~すぎる 지나치게 ~(하)다 |

~の(ん)だ ~인 것이다 | ~じゃありませんか ~이(가) 아닙니까? | ~かもしれない ~(할)지도 모른다 | 胃(い) 위 |

調子(ちょうし) 상태 | ~てはいけない ~(해)서는 안 된다 | 薬(くすり)を飲(の)む 약을 먹다 | 勉強会(べんきょうかい) 스터디 모임, 연구 모임 |

~て(で)もいいですか ~(해)도 괜찮습니까? | ゆっくり 천천히, 푹 | 次(つぎ) 다음 | ~ので ~(하)기 때문에 | 来週(らいしゅう) 다음 주 |

月曜日(げつようび) 월요일 | 大丈夫(だいじょうぶ)だ 괜찮다 | 気(き)をつける 조심하다, 주의하다

1 ~の(ん)だ　　~(하)는 것이다

앞 문장 또는 전제되는 어떤 상황과의 관계를 추론할 때, 원인이나 상황의 설명을 요구하거나 설명을 할 때, 자기주장을 강하게 표현할 때 쓰인다. 「~のだ」를 축약하여 「~んだ」라고 하기도 한다.

품사	활용 방법	예
명사	명사 + なん	先生なんです
い형용사	い형용사 기본형 + ん	暑いんです
な형용사	な형용사 어간 + なん	まじめなんです
동사	동사 기본형 + ん	帰るんです

A　どうして日本語を習っているんですか。

B　日本へ行くんです。

ちょっと休みたいんですが。

どうして買うんですか。

2 ~すぎる　　지나치게 ~(하)다

동사는 ます형에, い형용사와 な형용사는 어간에 접속되어, 어떤 행위나 상태의 정도가 과함을 나타낸다.

このマンションの家賃は高すぎます。

彼はまじめすぎます。

お酒を飲みすぎて頭が痛いです。

3 〜かもしれない　　〜(할)지도 모른다

동사와 い형용사는 기본형에, な형용사는 어간에 접속한다. 어떤 일이나 상황을 단정할 수는 없지만 그럴 가능성이 있다는 것을 추측할 때 사용한다.

彼は風邪で休むかもしれない。

そのかばんは安いかもしれません。

一人じゃ退屈かもしれない。

これはチャンスかもしれない。

4 〜て(で)もいいですか　　〜(해)도 괜찮습니까?

상대방에게 허락이나 허가를 구하는 표현이다.

품사	기본형	활용 방법	허가 표현
동사	言う 말하다	〜て＋も	言ってもいいですか
い형용사	遅い 늦다	〜くて＋も	遅くてもいいですか
な형용사	不便だ 불편하다	〜で＋も	不便でもいいですか
명사	夜 밤	〜で＋も	夜でもいいですか

신출 단어

どうして 어째서, 왜 | **マンション** 맨션, 아파트 | **家賃** 집세, 방세 | **高い** 비싸다 | **風邪** 감기 | **一人** 한 명, 혼자 |
退屈だ 따분하다, 지루하다 | **チャンス** 찬스, 기회

5 **〜てはいけない** 　~(해)서는 안 된다

어떠한 이유 때문에 '그렇게 해서는 안 된다'는 금지의 뜻을 나타낸다.

たばこを吸ってはいけません。

ここに車を止めてはいけません。

危ないから、ここで遊んではいけません。

6 **〜ので** 　~(하)기 때문에

동사와 い형용사는 연체형에, な형용사와 명사는 「〜なので」와 같이 연결된다. 이 표현은 인과관계나 사실관계 같은 객관적인 원인과 이유를 나타낸다. 문말에 명령, 금지, 의지, 충고 등의 표현이 오는 경우는 주관적 행위에 대한 이유를 나타내므로 「〜から」를 사용하는 편이 자연스럽다.

품사	활용 방법	예
명사	명사 + な + ので	夜なので
い형용사	い형용사 종지형(기본형) + ので	忙しいので
な형용사	な형용사 어간 (な) + から	不便なので
동사	동사 종지형(기본형) + ので	ふるので

薬を飲んで休んだので、もう元気になりました。

疲れたので、早く帰って寝ます。

今日は雨なので、一日中家にいます。

신출 단어

止める 멈추다, 세우다 ｜ 危ない 위험하다 ｜ 元気になる 건강해지다 ｜ 疲れる 피곤하다 ｜ 一日中 하루 종일

1 예와 같이 바꾸어 써 보세요.

> 예 頭が痛い → <u>頭が痛いんです。</u>

1) 有名な人になりたい ➡ _____

2) 韓国は豊かな国だ ➡ _____

3) あの店員さんは親切だ ➡ _____

4) これから用事がある ➡ _____

2 예와 같이 바꾸어 써 보세요.

> 예 明日は雨が降る → <u>明日は雨が降るかもしれません。</u>

1) 夜は静かだ ➡ _____

2) その小説は面白い ➡ _____

3) 彼は大学の先生だ ➡ _____

4) 会議は始まっている ➡ _____

신출 단어

店員さん 점원 | **親切だ** 친절하다 | **用事** 볼일 | **夜** 밤, 저녁 | **静かだ** 조용하다 | **小説** 소설 | **会議** 회의 | **始まる** 시작되다

3 例와 같이 바꾸어 써 보세요.

> 예 メールを送る → メールを送ってもいいですか。
>
> → メールを送ってはいけません。

1) 朝早く来る ➡ _____

➡ _____

2) 赤いスカートをはく ➡ _____

➡ _____

3) コーヒーを飲む ➡ _____

➡ _____

4) クーラーをつける ➡ _____

➡ _____

5) たくさん買う ➡ _____

➡ _____

6) メモを取る ➡ _____

➡ _____

신출 단어

メール 메일 | 送る 보내다 | スカート 스커트, 치마 | はく 입다 | クーラーをつける 에어컨을 켜다 | たくさん 많이 |
メモを取る 메모하다

1 例의 밑줄 친 말을 바꾸어 연습해 보세요.　　　　　　　　　▶ Track 17

> 例 A どうしてもう帰（かえ）るんですか。
>
> 　　B a 母（はは）が待（ま）っているんです。
>
> 　　A b 家（いえ）に帰（かえ）るんですか。
>
> 　　B はい、そうです。

1) a 明日（あした）テストがある　　　b これから勉強（べんきょう）をする

2) a 家（いえ）で休（やす）みたい　　　b 疲（つか）れている

3) a 好（す）きなドラマが始（はじ）まる　　　b 家（いえ）でテレビを見（み）る

4) a 仕事（しごと）が残（のこ）っている　　　b また会社（かいしゃ）に戻（もど）る

신출 단어

テスト 테스트, 시험 | **仕事（しごと）** 일, 업무 | **残（のこ）る** 남다 | **会社（かいしゃ）** 회사 | **戻（もど）る** 돌아가다, 되돌아가다

2 예의 밑줄 친 말을 바꾸어 연습해 보세요. ▶ Track 18

> **예** A ここで a <u>たばこを吸っても</u>いいですか。
>
> B いいえ、ここで a <u>たばこを吸っては</u>いけません。
>
> A じゃ、b <u>コーヒーは飲んでも</u>いいですか。
>
> B はい、b <u>コーヒーは飲んでも</u>いいです。

1) a 電話をする　　　　　　b メールをする

2) a 写真をとる　　　　　　b 絵を描く

3) a テレビを見る　　　　　b 音楽を聞く

4) a 英語を話す　　　　　　b 日本語を話す

신출 단어

電話をする 전화를 하다 | 写真をとる 사진을 찍다 | 絵を描く 그림을 그리다 | 英語 영어

1 다음 질문에 대한 답을 써 보세요.

1) あなたは何かサークル活動をしていますか。どんなサークル
   ですか。

   ➡ _____

   _____

2) サークル活動をする目的は何ですか。

   ➡ _____

   _____

3) サークル活動を休んだ日がありますか。どんな理由で休みま
   したか。

   ➡ _____

   _____

4) どんなサークルに参加してみたいですか。

   ➡ _____

   _____

サークル 서클, 동호회 | **活動** 활동 | **目的** 목적 | **日** 날 | **どんな** 어떤 | **参加する** 참가하다, 참여하다

1　녹음된 내용을 잘 듣고 (　　) 안을 채우세요.　　▶ Track 19

1) 焼き肉の（　　　　　　　　）で食べすぎました。

2) 最近（　　　　　　　　）が悪くて、食べすぎてはいけません。

3) （　　　　　　）の（　　　　　　　　）は来週の月曜日です。

4) じゃ、（　　　　　　　　）帰ってください。

2　녹음된 내용을 잘 듣고 대답해 보세요.　　▶ Track 20

1) ジホさんは今日、どうして顔色が悪いんですか。

　➡ _____

2) 次の勉強会が来週の月曜日になったのはなぜですか。

　➡ _____

신출 단어

ですから 그래서, 그러니까 ｜ 心配だ 걱정이다

バイトをした ことがありますか

학습 목표

- 이유나 원인을 나타내는 표현을 익힌다.
- 과거의 경험을 나타내는 표현을 익힌다.

학습 포인트

- 生活費くらいは自分で稼ぎたいですからね。
- バイトをしたことがありますか。

木村 ジホさん、何を見ているんですか。

金ジホ あ、これ、バイトの広告チラシです。

木村 バイトを探しているんですか。

金ジホ ええ、円高で親からの仕送りだけでは大変ですし、
生活費くらいは自分で稼ぎたいですからね。

木村 ジホさんは、バイトをしたことがありますか。

金ジホ 韓国ではバイトをしたことがありますが、日本ではまだ
一度もないです。

木村　韓国ではどんなバイトをしましたか。

金ジホ　ガソリンスタンドで働いたことがあります。
　　　　木村さんは今、バイトをしていますか。

木村　はい、もちろんです。
　　　日本の大学生はほとんどしています。

金ジホ　どんなバイトをしているんですか。

木村　コンビニで週2回働いています。

金ジホ　私もコンビニで働いてみたいですが、日本語がまだ
　　　　上手じゃないので、バイトの面接がちょっと心配です。

신출 단어

広告チラシ 광고지 | **円高** 엔고, 엔화 강세 | **親** 부모(님) | **仕送り** (타지에서 보내주는) 학비, 용돈, 음식 |
～だけ ～뿐, ～만 | **大変だ** 힘들다 | **～し** ～(하)고 | **生活費** 생활비 | **自分で** 스스로 | **稼ぐ** 벌다 |
～たことがある ～(한) 적이 있다 | **ガソリンスタンド** 주유소 | **働く** 일하다 | **もちろん** 물론, 당연 | **大学生** 대학생 |
ほとんど 거의 | **コンビニ** 편의점 | **週** 주, 일주일 | **2回** 두 번 | **面接** 면접

1 ～だけ   ~뿐, ~만

물건이나 어떤 상황을 한정할 때 쓰는 조사로 긍정문, 부정문 어디서나 쓰일 수 있다.

<ruby>韓国人<rt>かんこくじん</rt></ruby>は<ruby>私<rt>わたし</rt></ruby>だけです。

<ruby>授業<rt>じゅぎょう</rt></ruby>は<ruby>月曜日<rt>げつようび</rt></ruby>だけです。

<ruby>疲<rt>つか</rt></ruby>れているのはあなただけじゃありません。

2 ～し   ~(하)고

동사, い형용사, な형용사 활용의 종지형과 명사의 종지형에 접속된다. 어떠한 사실을 열거하거나 나열할 때 사용하는 표현이다.

품사	활용 방법	예
명사	명사 종지형 (だ) + し	<ruby>夜<rt>よる</rt></ruby>だし
い형용사	い형용사 종지형(기본형) + し	<ruby>忙<rt>いそが</rt></ruby>しいし
な형용사	な형용사 종지형 (だ) + し	<ruby>不便<rt>ふべん</rt></ruby>だし
동사	동사 종지형(기본형) + し	ふるし

<ruby>英語<rt>えいご</rt></ruby>もできるし、ドイツ<ruby>語<rt>ご</rt></ruby>もできます。

あの<ruby>人<rt>ひと</rt></ruby>は<ruby>背<rt>せ</rt></ruby>も<ruby>高<rt>たか</rt></ruby>いし、まじめだし、<ruby>頭<rt>あたま</rt></ruby>もいいです。

<ruby>先生<rt>せんせい</rt></ruby>の<ruby>話<rt>はなし</rt></ruby>は<ruby>全部<rt>ぜんぶ</rt></ruby><ruby>日本語<rt>にほんご</rt></ruby>だし、<ruby>速<rt>はや</rt></ruby>いし、よく<ruby>分<rt>わ</rt></ruby>かりませんでした。

3

〜から　　〜때문에

동사, い형용사, な형용사 활용의 종지형과 명사의 종지형에 접속된다. 주관적인 이유나 원인을 나타낼 때 사용된다.

품사	활용 방법	예
명사	명사 종지형 (だ) + から	夜<ruby>よる</ruby>だから
い형용사	い형용사 종지형(기본형) + から	忙<ruby>いそが</ruby>しいから
な형용사	な형용사 종지형 (だ) + から	不便<ruby>ふべん</ruby>だから
동사	동사 종지형(기본형) + から	ふるから

お腹<ruby>なか</ruby>が空<ruby>す</ruby>きましたから、何<ruby>なに</ruby>か食<ruby>た</ruby>べましょう。
寒<ruby>さむ</ruby>いですから、ドアを閉<ruby>し</ruby>めます。
簡単<ruby>かんたん</ruby>ですから、すぐ終<ruby>お</ruby>わります。
地域限定<ruby>ちいきげんてい</ruby>のお菓子<ruby>かし</ruby>だから、買<ruby>か</ruby>いたいです。

4

〜たことがある　　〜(한) 적이 있다

동사 활용의 과거형, 즉 た형에 접속된다. 과거의 경험을 나타낸다.

韓国<ruby>かんこく</ruby>に行<ruby>い</ruby>ったことがありますか。
私<ruby>わたし</ruby>は富士山<ruby>ふじさん</ruby>にのぼったことがあります。
私<ruby>わたし</ruby>はまだ男<ruby>おとこ</ruby>の人<ruby>ひと</ruby>とつきあったことがありません。

신출 단어

できる 할 수 있다, 가능하다 | ドイツ語<ruby>ご</ruby> 독일어 | 背<ruby>せ</ruby> 키, 신장 | 高<ruby>たか</ruby>い (키가) 크다 | 全部<ruby>ぜんぶ</ruby> 전부 | 速<ruby>はや</ruby>い 빠르다 |
分<ruby>わ</ruby>かる 알다, 이해하다 | 寒<ruby>さむ</ruby>い 춥다 | ドア 문 | 閉<ruby>し</ruby>める 닫다 | 簡単<ruby>かんたん</ruby>だ 간단하다 | すぐ 곧, 바로 | 終<ruby>お</ruby>わる 끝나다 |
地域限定<ruby>ちいきげんてい</ruby> 지역 한정 | お菓子<ruby>かし</ruby> 과자 | 富士山<ruby>ふじさん</ruby> 후지산 | のぼる 오르다 | 男<ruby>おとこ</ruby>の人<ruby>ひと</ruby> 남자 | つきあう 사귀다

1 예와 같이 문장을 완성하세요.

> 예 日本語もできる / 英語もできる
>
> 日本語もできるし、英語もできます。

1) 顔もきれいだ / 心もやさしい

➡️ _____

2) 雨も降る / 風も吹く

➡️ _____

3) お酒も飲む / たばこも吸う

➡️ _____

4) お金もない / 友だちもいない

➡️ _____

5) 天気もいい / 宿題もない

➡️ _____

2 📖와 같이 문장을 완성하세요.

> 📖 外は寒い / 家にいる
> → 外は寒いから、家にいたいです。

1) 時間がかかる / タクシーで行く

　➡ _____

2) 兄弟がいない / 友だちをたくさん作る

　➡ _____

3) 明日テストがある / 一生懸命勉強する

　➡ _____

4) 雨が降る / 傘を買う

　➡ _____

5) もう遅い / そろそろ帰る

　➡ _____

신출 단어

顔 얼굴 | 心 마음 | やさしい 다정하다, 상냥하다 | 風 바람 | 吹く 불다 | ない 없다 | 外 밖 | かかる 걸리다 | 兄弟 형제 |
一生懸命 열심히 | 傘 우산 | そろそろ 슬슬

3 예와 같이 바꾸어 써 보세요.

> 예 日本^{にほん}でたこ焼^やきを食^たべる
> → 日本^{にほん}でたこ焼^やきを食^たべたことがあります。

1) 学校^{がっこう}で日本語^{にほんご}を習^{なら}う

➡ _____

2) １年間^{いちねんかん}、彼女^{かのじょ}とつきあう

➡ _____

3) 交通事故^{こうつうじこ}にあう

➡ _____

4) 小学生^{しょうがくせい}に数学^{すうがく}を教^{おし}える

➡ _____

5) 幽霊^{ゆうれい}を見^みる

➡ _____

회화 연습

1 예의 밑줄 친 말을 바꾸어 연습해 보세요.　　　　　　　　▶ Track 22

> **예** A　a <u>日本へ行った</u>ことがありますか。
>
> B　いいえ、まだありません。
>
> A　どうしてですか。
>
> B　b <u>ひまもないし</u>、c <u>お金もない</u>からです。

1) a 女の子とつきあう　　　b 興味もない　　　c 仕事も忙しい

2) a 自分で料理を作る　　　b 上手じゃない　　c めんどうだ

3) a 日本語の小説を読む　　b 難しい　　　　　c 時間もかかる

4) a 好きな人に告白する　　b 勇気もない　　　c 恥ずかしい

<hr>

신출 단어

ひま 짬, 틈, 여유 | 女の子 여자 | 興味 흥미, 관심 | めんどうだ 귀찮다 | 難しい 어렵다 | 告白する 고백하다 |
勇気 용기 | 恥ずかしい 부끄럽다

예 A　どうして出^でかけませんか。

　　B　<u>熱^{ねつ}があるから</u>、どこへも行^いきたくありません。

1) 雨^{あめ}が降^ふる

2) 服^{ふく}がない

3) お金^{かね}がない

4) 宿題^{しゅくだい}がたくさんある

신출 단어

服^{ふく} 옷

작문 연습

1 다음 질문에 대한 답을 써 보세요.

1) バイトをしたことがありますか。どんなバイトでしたか。

　➡ _____

　　_____

2) バイトで稼いだお金はどう使いましたか。

　➡ _____

　　_____

3) 大学生のバイトをどう思いますか。

　➡ _____

　　_____

4) やってみたいと思うバイトがありますか。どうしてですか。

　➡ _____

　　_____

1 녹음된 내용을 잘 듣고( )안을 채우세요.　　　　　　　　▶ Track 24

1) あ、これ、バイトの（　　　　　　　　）です。

2) （　　　　　　　）くらいは自分で（　　　　　　　）ですからね。

3) バイトの（　　　　　　　）がちょっと（　　　　　　　）です。

4) 韓国では、（　　　　　　　）で（　　　　　　　）ことがあり
ます。

2 녹음된 내용을 잘 듣고 대답해 보세요.　　　　　　　　　▶ Track 25

1) ジホさんはなぜバイトの広告チラシを見ていますか。

　　➡ _____

2) 木村さんはどんなバイトをしていますか。

　　➡ _____

제 6 과

洗濯をしたり、食料品を買いに行ったりしました

학습 목표

• 사항을 열거할 때 사용하는 표현과 동작의 목적을 나타내는 표현을 익힌다.
• 충고 표현을 익힌다.

학습 포인트

• 洗濯をしたり、食料品を買いに行ったりしました。
• 早く書いた方がいいですよ。

金ジホ　木村さんは日曜日、何をしましたか。

木村　日曜日は洗濯をしたり、食料品を買いに行ったりしました。ジホさんは？

金ジホ　私は昨日の夜、野球の試合を見に行きました。

木村　ジホさんは野球が好きですか。

金ジホ　はい。大好きです。
韓国にいるときも友だちと野球をしたり、試合を見に行ったりしました。

木村　昨日の試合はどうでしたか。

金ジホ　負けて残念でしたが、楽しい試合でした。

木村　ジホさんはどこのチームを応援しているんですか。

金ジホ　やっぱり巨人ですね。
木村さんは？

木村　私は京都出身だから、関西チームを応援しています。
帰りは遅かったでしょう。

金ジホ　ええ、それで寝坊して授業に遅れました。

木村　ところで、レポートは書きましたか。

金ジホ　あ、まだです。

木村　今日までですから、早く書いた方がいいですよ。

신출 단어

洗濯 세탁, 빨래 | ～たり、～たりする ～(하)기도 하고, ～(하)기도 한다 | 食料品 식료품 | ～に ～(하)러 | 野球 야구 |
試合 시합 | 大好きだ 매우 좋아하다 | 負ける 지다 | 残念だ 아쉽다, 섭섭하다, 분하다 | 楽しい 즐겁다 |
どこ 어느, 어디 | チーム 팀 | 応援する 응원하다 | やっぱり 역시 | 巨人 교진(야구 팀명) | 京都 교토(지명) | 出身 출신 |
関西 간사이(지방) | 帰り 귀가, 돌아오는 길 | ～でしょう ～(하)지요? | 寝坊する 늦잠 자다 | 遅れる 늦다 |
～た方がいい ～(하)는 편이 좋다

1 ～たり、～たりする ～(하)기도 하고, ~(하)기도 한다

동사의 た형에 접속된다. 두 동사를 연달아 써서 동작이나 상태를 열거하거나 예시한다. 일상적인 일에 대한 동작의 나열이 아닌, 특별한 동작에 쓰인다.

품사	기본형	활용 방법	～たり
동사	食べる 먹다	동사 た형	ご飯を食べたり
い형용사	寒い 춥다	어간 + かったり	寒かったり
な형용사	きれいだ 예쁘다	어간 + だったり	きれいだったり
명사	会社員 회사원	명사 + だったり	会社員だったり

パーティーで飲んだり、食べたりしました。

日曜日はテニスをしたり、映画を見に行ったりしたいです。

夏休みは山にのぼったり、海で遊んだりします。

2 ～に ～(하)러

조사「に」가 동사의 ます형이나 동작의 의미를 갖는 명사에 접속되면 동작의 목적을 나타낸다.「に」다음에는 주로「行く, 来る, 帰る」등과 같은 이동을 나타내는 동사가 온다.

明日買い物に行きます。

友だちが遊びに来ました。

今度飲みに行きましょう。

3

～でしょう　　～(하)겠죠(↘), ～(하)지요?(↗)

주로 보통체에 접속된다. 억양이 하강조인 경우에는 미래의 일이나 불확실한 일에 대한 추측을 나타내며 「たぶん, おそらく」와 함께 쓰이는 경우가 많다. 억양을 상승조로 말하면 상대방에게 확인을 구하는 의미가 된다.

明日_{あした}はたぶん晴_はれるでしょう。(↘)

あの有名_{ゆうめい}なドラマのロケ地_ちなんでしょう。(↗)

君_{きみ}も一緒_{いっしょ}に行_いくんでしょう。(↗)

4

～た方_{ほう}がいい　　～(하)는 편이 좋다
～ない方_{ほう}がいい　　～(하)지 않는 편이 좋다

「～た方_{ほう}がいい」 앞에는 동사의 た형이, 「～ない方_{ほう}がいい」 앞에는 동사의 ない형에 온다. 상대방에게 적극적인 권유나 충고, 제안을 할 경우에 사용된다.

早_{はや}く病院_{びょういん}に行_いった方_{ほう}がいいですよ。

手紙_{てがみ}より電話_{でんわ}をした方_{ほう}がいいです。

タクシーに乗_のらない方_{ほう}がいいです。

신출 단어

テニス 테니스 | 山_{やま} 산 | 海_{うみ} 바다 | たぶん 아마 | 晴_はれる 개이다, 맑아지다 | ロケ地_ち 로케이션 현장, 촬영 장소 | 君_{きみ} 너, 자네 | 病院_{びょういん} 병원 | ～より ～보다

문형 연습

1 예와 같이 문장을 완성하세요.

> 예 おどる / 歌う → <u>おどったり、歌ったりします。</u>

1) 食べる / 飲む ➡ _____

2) 好きだ / 嫌いだ ➡ _____

3) いい / 悪い ➡ _____

4) 子供 / 大人 ➡ _____

2 예와 같이 바꾸어 써 보세요.

> 예 もう帰る → <u>もう帰った方がいいです。</u>

1) 家賃を払う ➡ _____

2) 毎日掃除をする ➡ _____

3) まじめに働く ➡ _____

4) 早く始める ➡ _____

おどる 춤추다 | 歌う 노래 부르다 | 嫌いだ 싫어하다 | 子供 어린이 | 払う 내다, 지불하다 | 毎日 매일 | まじめに 성실히

회화 연습

1 예의 밑줄 친 말을 바꾸어 연습해 보세요.　　　　　　　　▶ Track 27

예　A　週末には、普通、何をしますか。

　　B　a 小説を読んだり、b テレビを見たりします。

　　A　今週の日曜日に一緒に c 映画を見に行きませんか。

　　B　ええ、いいですよ。一緒に行きましょう。

1)　a 掃除をする　　　　b 洗濯をする　　　　c 服を買う

2)　a 昼寝をする　　　　b ギターをひく　　　　c 写真をとる

3)　a 友だちに会う　　　　b 買い物をする　　　　c アパートを探す

신출 단어

普通 보통 │ **昼寝をする** 낮잠을 자다 │ **ギターをひく** 기타를 치다 │ **アパート** 아파트

2 例의 밑줄 친 말을 바꾸어 연습해 보세요.

例 A 明日は、何をしますか。

B そうですね。家で a 本を読むつもりです。

A それより、b どこかへ c ドライブに行きませんか。

B すみません、c ドライブには行きたくありません。

1) a 勉強をする　　b デパート　　c 買い物

2) a テレビを見る　　b プール　　c 泳ぐ

3) a 昼寝をする　　b 公園　　c 散歩

신출 단어

それより 그것보다 | ドライブ 드라이브 | デパート 백화점

작문 연습

1 다음 질문에 대한 답을 써 보세요.

1) どんなスポーツが好きですか。

➡ _____

_____

2) そのスポーツを見に行ったことがありますか。

➡ _____

_____

3) あなたはどんなチームを応援していますか。それはなぜですか。

➡ _____

_____

4) 好きな選手は誰ですか。その選手のどんなところが好きですか。

➡ _____

_____

1 녹음된 내용을 잘 듣고( )안을 채우세요.　　　　　　　　　▶ Track 29

1) 日曜日は（　　　　　　　　）をしたり、（　　　　　　　　）を
買いに行ったりしました。

2) 私は昨日の夜、（　　　　　　　　）を見に行きました。

3) 京都（　　　　　　　　）だから、関西チームを（　　　　　　　）
います。

4) 昨日は（　　　　　　　　）が遅かったので、（　　　　　　　）
授業に遅れました。

2 녹음된 내용을 잘 듣고 대답해 보세요.　　　　　　　　　　　▶ Track 30

1) ジホさんは昨日、何をしましたか。

➡ _____

2) ジホさんが今日、授業に遅れたのはなぜですか。

➡ _____

신출 단어

だいぶ 상당히, 꽤

제 7 과

納豆も食べることが できますか

なっとう た

학습 목표

- 가능형을 익힌다.
- 가능형을 활용한 표현을 익힌다.

학습 포인트

- 納豆も食べることができますか。
- だんだん食べられるようになりました。

金ジホ これ、お土産です。
夏の合宿で箱根温泉に行って来ました。

佐藤 どうもありがとう。
ジホさんは日本の温泉は初めてですよね。

金ジホ はい。
日本の温泉旅館に泊まるのも初めてでした。

佐藤 露天風呂にも入りましたか。

金ジホ もちろん入りました。
露天風呂は硫黄温泉で、お湯の色が白かったです。

佐藤 温泉旅館では何回も温泉に入れるのがいいですね。
温泉たまごはどうでしたか。

金ジホ 温泉たまごはあまりおいしくありませんでした。
でも、旅館の食事はとてもおいしかったです。

佐藤 ジホさんは、和食にももう慣れましたね。

金ジホ はい、だいぶ慣れました。

佐藤　じゃ、納豆も食べることができますか。

金ジホ　最初は食べられませんでしたが、最近はだんだん食べられるようになりました。

佐藤　それはよかったですね。

신출 단어

お土産(みやげ) 토산품, 기념품, 선물｜**合宿**(がっしゅく) 합숙｜**行って来る**(いってくる) 다녀오다｜**温泉旅館**(おんせんりょかん) 온천 여관｜**泊まる**(とまる) 묵다, 숙박하다｜

露天風呂(ろてんぶろ) 노천탕, 노천 온천｜**硫黄温泉**(いおうおんせん) 유황 온천｜**お湯**(ゆ) 끓인 물, (온천)물｜**色**(いろ) 색｜**白い**(しろい) 희다, 하얗다｜

何回も(なんかいも) 몇 번이나, 여러 번｜**温泉たまご**(おんせん) 온천물에 삶은 달걀｜**食事**(しょくじ) 식사｜**和食**(わしょく) 일식, 일본 음식｜

慣れる(なれる) 익숙해지다, 적응하다｜**納豆**(なっとう) 낫토, 일본식 청국장｜**～ことができる** ～(할) 수 있다｜**最初**(さいしょ) 맨 처음, 최초｜

だんだん 점점｜**～ようになる** ～(하)게 되다｜**よかったですね** 다행이네요

① 가능 표현

❶ ～ことができる　～(할) 수 있다

동사 기본형에 「～ことができる」를 붙이면 가능형으로 만들 수 있다.

私はドイツ語を話すことができます。

佐藤さんは車の運転をすることができます。

ピアノをひくことができます。

❷ 가능 동사

동사를 활용시켜 가능 동사를 만든다. 1그룹동사는 어미를 「エ단」으로 바꾼 후 「る」를, 2그룹동사는 어간에 「られる」를 결합시킨다. 보통 대상격에 조사 「を」를 사용하지만, 가능 동사의 대상을 나타내는 경우에는 조사 「が」를 사용한다.

동사의 종류	기본형	활용 방법	가능형
1그룹동사	行く 가다	어미를 エ단으로 바꾸고 + る	行ける
2그룹동사	着る 입다 寝る 자다	어간 + られる	着られる 寝られる
3그룹동사	来る 오다 する 하다	불규칙	来られる できる

漢字はとても難しくて、ほとんど読めません。

私はお刺身が食べられません。

朝、たいてい何時くらいに起きられますか。

2 〜ようになる 〜(하)게 되다

동사 가능형 뒤에 「〜ようになる」를 붙이면 처음에는 불가능했던 일이 가능해졌다는 상황의 변화를 나타낸다.

日本語の新聞が読めるようになった。

生活費を稼げるようになりました。

テニスができませんでしたが、今は少しできるようになりました。

신출 단어

運転 운전 | ピアノをひく 피아노를 치다 | 漢字 한자 | お刺身 생선회 | たいてい 대개 | 少し 조금

1 例와 같이 바꾸어 써 보세요.

> 例 納豆を食べる → 納豆を食べることができます。
>
> → 納豆が食べられます。

1) 日本の歌を歌う　➡ _____

　　　　　　　　　➡ _____

2) 自由に空を飛ぶ　➡ _____

　　　　　　　　　➡ _____

3) スマホで見る　　➡ _____

　　　　　　　　　➡ _____

4) 数学を教える　　➡ _____

　　　　　　　　　➡ _____

5) 5時までに帰る　➡ _____

　　　　　　　　　➡ _____

2 📝와 같이 바꾸어 써 보세요.

> 📝 英語のニュースを聞く
>
> → 英語のニュースが聞けるようになりました。

1) 毎日彼女に会う

    ➡ _____

2) 毎日おいしい食事をする

    ➡ _____

3) きれいなところに住む

    ➡ _____

4) 難しい数学の問題を解く

    ➡ _____

5) 自転車で学校に行く

    ➡ _____

신출 단어

歌 노래｜自由に 자유롭게｜空 하늘｜飛ぶ 날다｜スマホ(スマートフォン) 스마트폰｜ニュース 뉴스｜
住む 살다, 거주하다｜問題 문제｜解く 풀다, 해결하다｜自転車 자전거

1 예의 밑줄 친 말을 바꾸어 연습해 보세요. ▶ Track 32

예 A a <ruby>韓国語<rt>かんこくご</rt></ruby>を b <ruby>話<rt>はな</rt></ruby>すことができますか。

B ええ、b <ruby>話<rt>はな</rt></ruby>せます。

A c <ruby>中国語<rt>ちゅうごくご</rt></ruby>も b <ruby>話<rt>はな</rt></ruby>せますか。

B いいえ、c <ruby>中国語<rt>ちゅうごくご</rt></ruby>は b <ruby>話<rt>はな</rt></ruby>せません。

1) a スパゲティ　　　　 b <ruby>作<rt>つく</rt></ruby>る　　　　 c ピザ

2) a <ruby>数学<rt>すうがく</rt></ruby>　　　　 b <ruby>教<rt>おし</rt></ruby>える　　　　 c <ruby>英語<rt>えいご</rt></ruby>

3) a ギター　　　　 b ひく　　　　 c ピアノ

4) a マフラー　　　　 b <ruby>編<rt>あ</rt></ruby>む　　　　 c セーター

2 예의 밑줄 친 말을 바꾸어 연습해 보세요.

> 예 A a日本語が上手になりましたね。
>
> B ええ、b一生懸命に勉強して、c少し話せるようになりました。

1) a 水泳　　　　　b 毎日練習する　　　c 速く泳ぐ

2) a 料理　　　　　b いろいろ作ってみる　c おいしく作る

3) a 歌　　　　　　b カラオケで練習する　c うまく歌う

신출 단어

中国語 중국어 | **スパゲティ(スパゲッティ)** 스파게티 | **ピザ** 피자 | **マフラー** 머플러 | **編む** 뜨개질하다, 짜다 |
水泳 수영 | **練習する** 연습하다 | **速く** 빨리 | **いろいろ** 여러 가지 | **カラオケ** 노래방, 가라오케 | **うまく** 잘

작문 연습

1 다음 질문에 대한 답을 써 보세요.

1) あなたは料理ができますか。どんな料理が作れますか。

　➡ _____

　　_____

2) 日本料理の中で、食べられないものがありますか。

　➡ _____

　　_____

3) 昔は食べられなかったが、今は食べられるようになった食べ物
　がありますか。

　➡ _____

　　_____

4) 一番おいしいと思う日本料理は何ですか。

　➡ _____

　　_____

신출 단어

昔 옛날, 예전

1 녹음된 내용을 잘 듣고( )안을 채우세요. ▶ Track 34

1) 日本の（　　　　　　　　　）に泊まるのも初めてでした。

2) 露天風呂は（　　　　　　　　）で、（　　　　　　　　）が白かったです。

3) 温泉旅館では何回も温泉に（　　　　　　　　）のがいいですね。

4) 和食にももう慣れて、納豆も食べる（　　　　　　　）。

2 녹음된 내용을 잘 듣고 대답해 보세요. ▶ Track 35

1) ジホさんが行った温泉旅館はどうでしたか。

　➡ _____

2) ジホさんは和食に慣れましたか。

　➡ _____

MEMO

韓国にいる彼女が
送ってくれました

학습 목표

· 물건이나 동작을 주고받을 때 사용하는 수수 표현을 익힌다.

학습 포인트

· 韓国にいる彼女が送ってくれました。

· これは母からもらいました。

· 教えてあげましょうか。

佐藤	ジホさん、お誕生日おめでとうございます。
木村	お誕生日、おめでとう。
金ジホ	ありがとうございます。
木村	あれ、ジホさん、新しい時計じゃありませんか。 すてきですね。
金ジホ	ええ、誕生日プレゼントで、韓国にいる彼女が送ってくれました。
木村	そのさいふも、すてきですね。
金ジホ	これは母からもらいました。

佐藤　これは、私からのプレゼントです。手作りのケーキです。
　　　みんなで食べましょう。

金ジホ　佐藤さん、ケーキも作れるんですか。

佐藤　作れますよ。
　　　今度ジホさんにも教えてあげましょうか。

金ジホ　はい、ぜひ教えてください。
　　　私も彼女にケーキを作ってあげたいです。

佐藤　ところで、木村さんはお誕生日に何がほしいですか。

木村　そうですね。新しいスマホがほしいですが、買ってくれる
　　　彼氏がいません。

신출 단어

お誕生日 생일 | **あれ** 어라(감탄사) | **新しい** 새롭다 | **時計** 시계 | **プレゼント** 선물 | **〜てくれる** 〜(해) 주다 |
もらう 받다 | **手作り** 수제, 손수 만듦 | **ケーキ** 케이크 | **みんなで** 다 같이, 모두 함께 | **〜てあげる** 〜(해) 주다 |
ほしい 갖고 싶다, 원하다

① 수수 표현 – 물건의 수수

수수 표현이란 물건이나 이익이 되는 행동을 주고받는 것에 관련된 표현으로, 「あげる(さし あげる), くれる(くださる), もらう(いただく)」 등의 수수 동사가 쓰인다. 일본어의 수수 표 현은 물건을 주고받는 '물건의 수수'와 이익이 되는 행동(은혜)을 주고받는 '은혜의 수수'로 나 눌 수 있다. 수수 표현은 주는 사람과 받는 사람의 관계, 화자와 청자의 관계, 화자의 시점 등을 고려하여 적절한 동사를 사용해야 한다.

수수 동사	의미	주어	주고받는 행위에서 각 인칭의 제약
やる, あげる, さしあげる (겸양어)	주다 드리다	주는 사람	1인칭 → 2인칭, 3인칭 2인칭 → 3인칭 3인칭 → 3인칭
くれる, くださる (존경어)	주다 주시다	주는 사람	2인칭, 3인칭 → 1인칭 3인칭 ↝ 3인칭
もらう, いただく (겸양어)	받다	받는 사람	1인칭 ← 2인칭, 3인칭 3인칭 ← 3인칭

① やる, あげる, さしあげる [나/가족→타인]

きんぎょ
金魚にえさをやる。

わたし　おとうと　　かし
私は弟にお菓子をあげた。

せんせい　　はな
先生にお花をさしあげる。

② くれる, くださる [타인→나/가족]

あに　わたし
兄は私にノートをくれた。

せんせい　わたし　くだもの
先生は私に果物をくださった。

❸ もらう, いただく [나/가족←타인]

<ruby>父<rt>ちち</rt></ruby>に<ruby>小遣<rt>こづか</rt></ruby>いをもらった。

<ruby>先生<rt>せんせい</rt></ruby>から<ruby>辞書<rt>じしょ</rt></ruby>をいただいた。

2 수수 표현 – 은혜의 수수

동사 て형에 수수 동사를 접속하여 「～てあげる, ～てくれる, ～てくださる, ～てもらう, ～ていただく」의 형태로 행위의 이동을 나타낸다. 행위의 이동에는 혜택과 은혜의 의미가 포함된다.

<ruby>私<rt>わたし</rt></ruby>は<ruby>弟<rt>おとうと</rt></ruby>に<ruby>字<rt>じ</rt></ruby>を<ruby>教<rt>おし</rt></ruby>えてあげた。

<ruby>兄<rt>あに</rt></ruby>は<ruby>私<rt>わたし</rt></ruby>に<ruby>辞書<rt>じしょ</rt></ruby>を<ruby>貸<rt>か</rt></ruby>してくれた。

<ruby>私<rt>わたし</rt></ruby>は<ruby>先生<rt>せんせい</rt></ruby>に<ruby>辞書<rt>じしょ</rt></ruby>を<ruby>貸<rt>か</rt></ruby>していただいた。

3 ～がほしい ～을/를 가지고 싶다

조사 「が」 앞의 대상을 자신의 것으로 하고 싶다는 표현이다. 부정 표현은 「～がほしくない(～がほしくありません)」이다.

A あなたは<ruby>何<rt>なに</rt></ruby>が<ruby>一番<rt>いちばん</rt></ruby>ほしいですか。

B お<ruby>金<rt>かね</rt></ruby>がほしいです。

<ruby>車<rt>くるま</rt></ruby>がほしいです。

<ruby>私<rt>わたし</rt></ruby>は<ruby>子供<rt>こども</rt></ruby>がほしくありません。

신출 단어

<ruby>金魚<rt>きんぎょ</rt></ruby> 금붕어 | えさ 먹이 | ノート 노트, 공책 | <ruby>果物<rt>くだもの</rt></ruby> 과일 | <ruby>小遣<rt>こづか</rt></ruby>い 용돈 | <ruby>字<rt>じ</rt></ruby> 글자 | <ruby>貸<rt>か</rt></ruby>す 빌려주다

1 올바른 문장이 되도록 아래에서 적절한 말을 한 번씩만 골라 (　　) 안에 넣으세요.

1) 私は先生にお土産を（　　　　　　　　）。

2) 友だちが私にコンサートのチケットを（　　　　　　　　　）。

3) 先生は私に新しい辞書を（　　　　　　　　）。

4) 私は先生に手紙を（　　　　　　　　）。

5) 私は友だちにすてきなプレゼントを（　　　　　　　　）。

くださいました	いただきました	もらいました
くれました	さしあげました	

2 例와 같이 바꾸어 써 보세요.

> 例 ジホさんが私に数学を教えてくれました
> → 私はジホさんに数学を教えてもらいました。

1) ジホさんは木村さんにソウルを案内してあげました

　⇒ 木村さんは＿＿＿＿＿＿＿＿＿＿＿＿＿＿＿＿＿＿＿＿

2) 母は私に新しいセーターを編んでくれました

　⇒ 私は＿＿＿＿＿＿＿＿＿＿＿＿＿＿＿＿＿＿＿＿＿＿＿

3) 私は先生に言葉の意味をもう一度説明していただきました

　⇒ 先生は＿＿＿＿＿＿＿＿＿＿＿＿＿＿＿＿＿＿＿＿＿＿

4) 私は佐藤さんに日本の人形を送ってもらいました

　⇒ 佐藤さんは＿＿＿＿＿＿＿＿＿＿＿＿＿＿＿＿＿＿＿＿

5) 先生は私に先生の考えを話してくださいました

　⇒ 私は＿＿＿＿＿＿＿＿＿＿＿＿＿＿＿＿＿＿＿＿＿＿＿

신출 단어

コンサート 콘서트 | チケット 티켓 | ソウル 서울(지명) | 案内する 안내하다 | 言葉 말, 단어 | 意味 의미 |
もう一度 다시 한 번 | 説明する 설명하다 | 人形 인형 | 考え 생각

회화 연습

1 예의 밑줄 친 말을 바꾸어 연습해 보세요.　　　　▶ Track 37

> **예** A a 日本語は誰に b 教えてもらいましたか。
>
> B 日本人の友だちが b 教えてくれました。
>
> A その友だちには何をしてあげましたか。
>
> B c 韓国語を教えてあげました。

1) a そのセーター　　　b 編む　　　　　c ソウルを案内する

2) a そのおにぎり　　　b 作る　　　　　c 人形を買う

3) a その絵　　　　　　b 描く　　　　　c 写真をとる

2 예의 밑줄 친 말을 바꾸어 연습해 보세요.　　　　▶ Track 38

> **예** A 今、一番ほしいものは何ですか。
>
> B 私は、ガールフレンドがほしいです。

1) 自分の家　　　2) 冷たいビール　　　3) 本当の愛

신출 단어

おにぎり 주먹밥 | もの 것, 물건 | ガールフレンド 걸프랜드, 여자 친구 | 本当の愛 진정한 사랑

1 다음 질문에 대한 답을 써 보세요.

1) もらって一番うれしかったプレゼントは何ですか。誰にもらい
ましたか。

➡ _____

_____

2) 今まであなたがしてあげた一番いいプレゼントは何ですか。誰
にあげましたか。

➡ _____

_____

3) 今、一番ほしいものは何ですか。それはなぜですか。

➡ _____

_____

4) あなたが一番好きな人に、してもらいたいことは何ですか。

➡ _____

_____

1 녹음된 내용을 잘 듣고( )안을 채우세요. ▶ Track 39

1) お<ruby>誕生日<rt>たんじょう び</rt></ruby>、（ ）。

2) <ruby>韓国<rt>かんこく</rt></ruby>にいる<ruby>彼女<rt>かのじょ</rt></ruby>が<ruby>送<rt>おく</rt></ruby>ってくれた（ ）です。

3) これはジホさんにあげる（ ）です。

4) <ruby>新<rt>あたら</rt></ruby>しいスマホを（ ）<ruby>彼氏<rt>かれ し</rt></ruby>がいません。

2 녹음된 내용을 잘 듣고 대답해 보세요. ▶ Track 40

1) <ruby>佐藤<rt>さ とう</rt></ruby>さんがジホさんにあげた<ruby>誕生日<rt>たんじょう び</rt></ruby>プレゼントは<ruby>何<rt>なん</rt></ruby>ですか。

➡ _____

2) ジホさんはなぜ、<ruby>佐藤<rt>さ とう</rt></ruby>さんにケーキの<ruby>作<rt>つく</rt></ruby>り<ruby>方<rt>かた</rt></ruby>を<ruby>教<rt>おし</rt></ruby>えてもらい
たいですか。

➡ _____

신출 단어

<ruby>作<rt>つく</rt></ruby>り<ruby>方<rt>かた</rt></ruby> 만드는 방법 ┃ レストラン 레스토랑 ┃ <ruby>時計<rt>と けい</rt></ruby>をする 시계를 차다

제 9 과

下手(へた)でも
笑(わら)わないでくださいね

학습 목표

• 동사의 ない형을 익힌다.
• 부정문에 접속하는 조사를 익힌다.

학습 포인트

• 下手(へた)でも 笑(わら)わないでくださいね。
• たまにしか 来(き)ません。

金ジホ　木村さんは歌がうまいですか。

木村　うまく歌えませんが、歌うのは好きです。
　　　ジホさんはカラオケによく来るんですか。

金ジホ　いいえ、たまにしか来ません。
　　　うまく歌えないので。

木村　知っている日本の歌手はいますか。

金ジホ　嵐やAKB４８は韓国でも人気があって、よく知って
　　　います。

木村　そうなんですね。
　　　日本でも韓国の歌手は人気が高くて、最近は、TWICEが
　　　「第二の韓流アイドルブーム」を起こしていますよ。

金ジホ　あ、それは韓国でも話題になっています。

木村　じゃ、せっかくカラオケに来たんだから、たくさん歌い
　　　ましょう。

^{キム}
金ジホ　私、下手だから恥ずかしいし、日本の歌もあまり知らな
いので、木村さんどうぞ。

^{き むら}
木村　そんなこと言わないで、楽しみましょうよ。
韓国の歌もありますから、どうぞ歌ってください。

^{キム}
金ジホ　じゃあ、下手でも笑わないでくださいね。

신출 단어

たまに 가끔 ｜ ～しか ～밖에 ｜ ^{か しゅ}歌手 가수 ｜ ^{あらし}嵐 아라시(일본 인기 그룹) ｜ ^{エーケービーフォーティエイト}AKB４８ AKB포티에이트(일본 인기 그룹) ｜
^{トゥワイス}TWICE 트와이스(한국 인기 그룹) ｜ ^{だい に}第二 제2 ｜ アイドル 아이돌 ｜ ^お起こす 일으키다 ｜ ^{わ だい}話題 화제 ｜
せっかく 일부러, 모처럼 ｜ ^{へ た}下手だ 서툴다, 잘 못하다 ｜ ～ないで ～(하)지 말고 ｜ ^{たの}楽しむ 즐기다 ｜
～ないでください ～(하)지 말아 주세요

1 동사의 **ない형** ~(하)지 않다

동사를 부정할 때는 「ない」를 동사의 어미에 접속시켜 부정 표현을 만든다. 단, 「言う」와 같이 어미가 「う」로 끝나는 동사는 「言あない」가 아니라 「言わない」가 된다는 점에 유의해야 한다.

동사의 종류	기본형	활용 방법	ない형
1그룹동사	行く 가다	어미 ア단 + ない	行かない
2그룹동사	着る 입다 寝る 자다	어간 + ない	着ない 寝ない
3그룹동사	来る 오다 する 하다	불규칙	来ない しない

誰もいない。

これからお酒は飲まないつもりです。

ジホさんが来ない。

2 **~ないで** ~(하)지 않고, ~(하)지 말고

동사의 **ない형**에 접속되며 '~(하)지 않고, ~(하)지 말고'에 해당된다.

ひらがなは間違えないで書けます。

バスに乗らないでタクシーに乗ります。

音楽を聞かないで勉強します。

3 ～ないでください ～(하)지 말아 주세요

동사의 ない형에 접속된다. 상대방에게 어떠한 행동을 하지 않도록 부탁하는 표현이다.

ええ、遅れないでください。

そんなことは言わないでください。

授業中に居眠りをしないでください。

4 ～しか ～밖에

명사나 동사의 기본형에 접속된다. 비슷한 의미인「～だけ」는 긍정문과 부정문 모두 쓰일 수 있지만,「～しか」는 부정문에만 쓸 수 있다.

1000円しか持っていない。

あなたしか知らない。

この部屋には本しかない。

5 せっかく 일부러, 모처럼

부사로서 '일부러, 모처럼'에 해당된다.

せっかく料理を作ったのに誰も食べなかった。

せっかく韓国に来たんだから、韓国料理を食べてみましょう。

せっかく来てくださったのに、留守をしてすみません。

신출 단어

ひらがな 히라가나 ｜ 間違える 틀리다 ｜ バス 버스 ｜ 遅れる 늦다 ｜ 授業中 수업 중 ｜ 居眠り 앉아서 좀 ｜
留守 외출하고 집에 없음, 부재중

1 예와 같이 문장을 완성하세요.

> 예 手を洗う / ご飯を食べる
> → 手を洗わないでご飯を食べます。

1) 予習する / 授業を受ける

　➡ _____

2) 窓を閉める / 出かける

　➡ _____

3) ご飯を食べる / 学校へ行く

　➡ _____

4) 電気を消す / 寝る

　➡ _____

5) 宿題をする / 友だちと遊ぶ

　➡ _____

2 예와 같이 바꾸어 써 보세요.

> 예 お金をたくさん使う
>
> → お金をたくさん使わないでください。

1) 歩きながらたばこを吸う

   ➡ _____

2) あまり深く考える

   ➡ _____

3) 夜遅く出歩く

   ➡ _____

4) クーラーをつける

   ➡ _____

5) 大きい声を出す

   ➡ _____

6) 休みの時間に勉強する

   ➡ _____

신출 단어

手 손 | 洗う 씻다 | 予習する 예습하다 | 授業を受ける 수업을 듣다, 수강하다 | 窓 창문 | 電気を消す 전깃불을 끄다 |
深く 깊게 | 夜遅く 밤늦게 | 出歩く 나다니다 | 休みの時間 쉬는 시간, 휴식 시간

1 예의 밑줄 친 말을 바꾸어 연습해 보세요.　　　　　　　　　▶ Track 42

> 예 A もう<ruby>働<rt>はたら</rt></ruby>かなくてもいいですか。
>
> B はい。<ruby>無理<rt>むり</rt></ruby>して<ruby>働<rt>はたら</rt></ruby>かないでください。
> <ruby>大丈夫<rt>だいじょうぶ</rt></ruby>ですから、<ruby>働<rt>はたら</rt></ruby>かないで<ruby>休<rt>やす</rt></ruby>んでください。

1) <ruby>勉強<rt>べんきょう</rt></ruby>する　　2) <ruby>走<rt>はし</rt></ruby>る　　3) <ruby>書<rt>か</rt></ruby>く　　4) <ruby>練習<rt>れんしゅう</rt></ruby>する

2 예의 밑줄 친 말을 바꾸어 연습해 보세요.　　　　　　　　　▶ Track 43

> 예 A a <ruby>お金<rt>かね</rt></ruby>は b <ruby>1000円<rt>せんえん</rt></ruby>しかありませんか。
>
> B はい。<ruby>今<rt>いま</rt></ruby>、c <ruby>持<rt>も</rt></ruby>っているのは b <ruby>1000円<rt>せんえん</rt></ruby>だけです。

1) a パソコン　　　　b <ruby>3台<rt>さんだい</rt></ruby>　　　　c <ruby>使<rt>つか</rt></ruby>う

2) a <ruby>本<rt>ほん</rt></ruby>　　　　　b <ruby>2冊<rt>にさつ</rt></ruby>　　　　c <ruby>持<rt>も</rt></ruby>つ

3) a <ruby>色<rt>いろ</rt></ruby>　　　　　b <ruby>赤<rt>あか</rt></ruby>　　　　　c <ruby>売<rt>う</rt></ruby>る

4) a <ruby>時間<rt>じかん</rt></ruby>　　　　b <ruby>30分<rt>さんじゅっぷん</rt></ruby>　　　c <ruby>残<rt>のこ</rt></ruby>る

신출 단어

<ruby>無理<rt>むり</rt></ruby>する 무리하다 | <ruby>3台<rt>だい</rt></ruby> 세 대 | <ruby>2冊<rt>さつ</rt></ruby> 두 권 | <ruby>赤<rt>あか</rt></ruby> 빨강 | <ruby>売<rt>う</rt></ruby>る 팔다

작문 연습

1 다음 질문에 대한 답을 써 보세요.

1) あなたはカラオケによく行きますか。どんなとき、行きますか。

　➡ _____

　　 _____

2) カラオケでよく歌う歌は何ですか。

　➡ _____

　　 _____

3) 好きな歌手は誰ですか。なぜ好きですか。

　➡ _____

　　 _____

4) 日本の歌も歌いますか。日本の歌手の中で、誰が好きですか。

　➡ _____

　　 _____

1 녹음된 내용을 잘 듣고 ( )안을 채우세요. ▶ Track 44

1) うまく歌^{うた}えないので、カラオケには（　　　　　　　）来^きません。

2) 最近^{さいきん}は、TWICE^{トゥワイス}が第二^{だいに}の（　　　　　　　）を起^おこしていますよ。

3) （　　　　　　　）カラオケに来^きたんだから、（　　　　　　　）
歌^{うた}いましょう。

4) じゃあ、下手^{へた}でも（　　　　　　　）くださいね。

2 녹음된 내용을 잘 듣고 대답해 보세요. ▶ Track 45

1) ジホさんはカラオケによく来^きますか。

➡ _____

2) ジホさんはなぜ、歌^{うた}うのが恥^はずかしいですか。

➡ _____

신출 단어

恥^はずかしがる 부끄러워하다

7時の電車に乗らなければなりません

<ruby>7<rt>しち</rt></ruby><ruby>時<rt>じ</rt></ruby>の<ruby>電車<rt>でんしゃ</rt></ruby>に<ruby>乗<rt>の</rt></ruby>らなければなりません

학습 목표

- 의무나 당연을 나타내는 표현을 익힌다.
- 동작의 완료를 나타내는 표현을 익힌다.

학습 포인트

- 7時の電車に乗らなければなりません。
- 朝寝坊してしまいました。

金ジホ　すみません。ちょっと遅くなりました。

木村　　ジホさん、急いでください。
　　　　7時の電車に乗らなければなりません。

(전철을 타고 나서)

木村　　やっと電車に乗れましたね。

金ジホ　私がもっと早く来なければならなかったのに。
　　　　昨日マンガを遅くまで読んでいたので、朝寝坊してしまいました。

木村　　でも、電車の時間には間に合ったから大丈夫です。
　　　　ジホさんはマンガが好きですか。

金ジホ　はい。
　　　　日本語の勉強も、日本のマンガのおかげで始めたんです。

(전철에서 만화를 보는 아저씨를 발견하고)

金ジホ 日本では大人でも電車の中でマンガを読むんですね。

木村 韓国では大人は読まないんですか。

金ジホ 外ではあまり読みませんね。

木村さんもマンガを読んだりしますか。

木村 昔はよく読みました。

マンガもいろいろありますからね。

金ジホ そうですね。

本屋で、経済や漢字について説明しているマンガを見た

ことがあります。

急ぐ 서두르다 | ～なければなりません ～(하)지 않으면 안 됩니다 | やっと 겨우, 드디어 | もっと 좀 더 |

マンガ 만화, 만화책 | 朝寝坊する 늦잠을 자다 | ～てしまう ～(해) 버리다 | 間に合う 시간에 대다 |

おかげで 덕택에, 덕분에 | 本屋 서점, 책방 | 経済 경제 | ～について ～에 관해서, ～에 대해서

1 ～なければなりません / ～なければだめです

~(하)지 않으면 안 됩니다, ~(해)야만 합니다

동사 ない형에 접속되어 사회에서 일반적으로 해야 하는 의무를 나타낸다. 회화체로는 「～なければだめです」를 들 수 있다.

これは覚えなければなりません。

明日は試験だから、早く起きなければならない。

明日までに出さなければだめです。

2 ～てしまう ~(해) 버리다

동작의 완료를 나타낸다. 완료한 동작이나 사건에 대한 후회나 의외라는 뉘앙스를 띤다. 회화에서는 「～てしまう/～でしまう」의 축약형 「～ちゃう/～じゃう」도 사용된다.

試験があるのに、昨日寝てしまった。

ジホさんの誕生日を忘れてしまいました。

妹のプリンを全部食べちゃった。

3 **〜について**　　　〜에 관해서, 〜에 대해서

조사 「〜に」 앞에는 어떤 대상이 아니라 주제나 내용이 오는 것이 일반적이다.

私は大学で日本の歴史について勉強したい。

戦争について考えてみる。

彼について話している。

4 **おかげで**　　　덕택에, 덕분에

동사, い형용사, な형용사, 명사의 명사 수식형에 붙는다. 앞에 오는 내용이 원인으로 좋은 결과가 되었을 때 쓰는 표현이다. 단, 내용이 나쁜 결과일 때는 「せいで」를 사용한다.

彼女のおかげで成功した。

天気がよかったおかげで、楽しいハイキングになった。

みんなが手伝ってくれたおかげで、早く終わりました。

砂糖を入れたせいで、おいしくなくなってしまった。

신출 단어

試験 시험 | **〜なければだめです** 〜(하)지 않으면 안 됩니다 | **プリン** 푸딩 | **歴史** 역사 | **戦争** 전쟁 |
成功する 성공하다 | **ハイキング** 하이킹 | **みんな** 모두, 여러분 | **砂糖** 설탕 | **せいで** 탓으로

문형 연습

1 예와 같이 바꾸어 써 보세요.

> **예** レポートを出^だしてください
>
> → <u>レポートを出^ださなければなりません。</u>

1) 朝^{あさ}8時^じまでに来^きてください

➡ _____

2) 教室^{きょうしつ}を掃除^{そうじ}してください

➡ _____

3) 元気^{げんき}な声^{こえ}で歌^{うた}ってください

➡ _____

4) 家族^{かぞく}のみなさんに伝^{つた}えてください

➡ _____

5) もっと速^{はや}く走^{はし}ってください

➡ _____

2 例와 같이 바꾸어 써 보세요..

> 예 一人で全部食べました
> → 一人で全部食べてしまいました。

1) 授業が始まりました

   ➡ _____

2) テストが終わりました

   ➡ _____

3) コーヒーを３杯も飲みました

   ➡ _____

4) 彼女と別れました

   ➡ _____

5) お金を全部使いました

   ➡ _____

신출 단어 ◀

教室 교실 | **家族** 가족 | **みなさん** 여러분 | **伝える** 전하다 | **３杯** 세 잔 | **～も** ～이나

1 예의 밑줄 친 말을 바꾸어 연습해 보세요.　　　　　　　　　　▶ Track 47

> **예** A 日本語で話さなくてもいいですか。
>
> 　　B いいえ、日本語で話してください。
>
> 　　A 必ず日本語で話さなければなりませんか。
>
> 　　B はい、そうです。

1) 毎日練習する

2) 毎朝走る

3) 彼と会う

4) 早く起きる

2 例의 밑줄 친 말을 바꾸어 연습해 보세요. ▶ Track 48

例 A　a 日本語を習っているんですか。

B　はい、a 日本語を習って一ヶ月ぐらいになります。

A　そうですか。どうして a 日本語を習っているんですか。

B　b 日本について知りたかったんです。

1) a 映画を勉強する　　　　b 映画の歴史

2) a 毎週山に行く　　　　　b 山の植物

3) a 料理教室に通う　　　　b 伝統料理

신출 단어

必ず 반드시, 꼭 | 毎朝 매일 아침 | 一ヶ月 일개월, 한 달 | 毎週 매주 | 植物 식물 | 通う 다니다 | 伝統料理 전통요리

1 다음 질문에 대한 답을 써 보세요.

1) マンガが好きですか。なぜマンガを読みますか。

➡ _____

_____

2) 最近人気があるマンガは何ですか。なぜ人気がありますか。

➡ _____

_____

3) 読んだマンガの中で、一番面白かったマンガは何ですか。

➡ _____

_____

4) マンガは勉強のためにもなると思いますか。

➡ _____

_____

1 녹음된 내용을 잘 듣고 ( ) 안을 채우세요. ▶ Track 49

1) 昨日マンガを遅くまで読んでいたので、（　　　　　　　　）して
しまいました。

2) でも、電車の時間には（　　　　　　　　）から大丈夫です。

3) 日本語の勉強も、日本のマンガの（　　　　　　　　）始めたんで
す。

4) 本屋で（　　　　　　　）や（　　　　　　　）について説明して
いるマンガを見たことがあります。

2 녹음된 내용을 잘 듣고 대답해 보세요. ▶ Track 50

1) ジホさんが遅れたのはなぜですか。

　➡ _____

2) ジホさんが日本語の勉強を始めた理由は何ですか。

　➡ _____

MEMO

제 11 과

それは、面白そうですね

<ruby>面白<rt>おもしろ</rt></ruby>

학습 목표

- 추정의 조동사를 익힌다.
- 양태를 나타내는 표현을 익힌다.

학습 포인트

- 彼女は興味があるようです。
- それは、面白そうですね。

金ジホ　軽井沢は夏なのに涼しくて、いいところですね。

木村　ええ。夏でも涼しいから、お金持ちの別荘が多いんです。
　　　ところで、ジホさんはブランド物に興味がありますか。

金ジホ　私はあまりありませんが、韓国にいる彼女は興味がある
　　　ようです。どうしてですか。

木村　この近くに大きいアウトレットモールがあって、
　　　レストランやおしゃれなお店がたくさんあるんです。

金ジホ それは、面白そうですね。

木村 近いですから、歩いて行ってみませんか。

金ジホ いいですよ。

(아웃렛몰에 도착해서)

金ジホ ここは日本じゃないみたいですね。

木村 アウトレットモールはどこもこんな雰囲気ですよ。
このお店、5割引ですって。

金ジホ へえ、安いですね。

木村 せっかくですから、入ってみましょう。

신출 단어

軽井沢 가루이자와(지명) | 涼しい 서늘하다 | お金持ち 부자 | 別荘 별장 | ブランド物 명품 | ～ようだ ～인 것 같다 |
アウトレットモール 아웃렛몰 | おしゃれだ 세련되다, 고급스럽다 | ～そうだ ～인 것 같다 | ～みたいだ ～인 것 같다 |
雰囲気 분위기 | 5割引 50% 할인 | ～って ～라고 하다

1 ～ようだ / ～みたいだ(추량)　　～인 것 같다

사람의 감각이나 관찰에 의해서 파악한 그 자리의 상황으로부터, 말하는 사람이 주관적으로 판단한 추량이나 비유를 나타낸다. 「みたいだ」는 「ようだ」의 회화체이다.

❶ ようだ

품사	활용 방법	예
명사	명사 ＋ の ＋ ようだ	先生のようだ
い형용사	い형용사 연체형(보통체형) ＋ ようだ	忙しいようだ
な형용사	な형용사 어간 ＋ な ＋ ようだ	不便なようだ
동사	동사 연체형(보통형) ＋ ようだ	ふるようだ

❷ みたいだ

품사	활용 방법	예
명사	명사 ＋ みたいだ	休みみたいだ
い형용사	い형용사 보통체형(기본형) ＋ みたいだ	忙しいみたいだ
な형용사	な형용사 보통체형(어간) ＋ みたいだ	きれいみたいだ
동사	동사 보통체형(기본형) ＋ みたいだ	行くみたいだ

明日はいい天気のようですね。

彼は元気なようですね。

風邪を引いたみたいです。

2 **〜そうだ(양태)**　〜인 것 같다

동사는 ます형, い형용사와 な형용사는 어간에 접속된다. 그러나 명사는 양태의 「そうだ」가 없다. 눈으로 보고 판단하는 외관상의 모습이나 인상을 나타내는 경우에 쓰인다.

품사	기본형	활용 방법	〜そうだ (양태)	
			긍정 표현	부정 표현
동사	降る 내리다	ます형	雪が降りそうだ	雪が降りそうもない 雪が降りそうにない
い형용사	おいしい 맛있다	어간	おいしそうだ	おいしくなさそうだ おいしそうではない
	(예외) いい 좋다		よさそうだ	よくなさそうだ よさそうではない
な형용사	丈夫だ 튼튼하다		丈夫そうだ	丈夫ではなさそうだ 丈夫そうではない

今にも雨が降りそうですね。

田中さんはとてもやさしそうな顔をしている。

先生はとても元気そうでした。

3 **〜って**　〜라고 하다, 〜라고 하던데, 〜라고 해

남의 말을 인용할 때 사용하는 회화체 표현이다.

あのお店はおいしくないから、ほとんど行かないんだって。

もう知っているって。

ジホさんも行きたいって。

신출 단어

風邪を引く 감기에 걸리다 | 雪 눈 | 丈夫だ 튼튼하다 | 今にも 지금이라도 당장, 이제 곧

1 🗋와 같이 바꾸어 써 보세요.

> 🗋 彼はパーティーに来る
>
> → 彼はパーティーに来るみたいです。
>
> → 彼はパーティーに来るようです。

1) となりの部屋に誰かいる

　➡ ＿＿＿＿＿＿＿＿＿＿＿＿＿＿＿＿＿＿＿＿＿＿＿＿＿

　➡ ＿＿＿＿＿＿＿＿＿＿＿＿＿＿＿＿＿＿＿＿＿＿＿＿＿

2) 明日のテストは難しい

　➡ ＿＿＿＿＿＿＿＿＿＿＿＿＿＿＿＿＿＿＿＿＿＿＿＿＿

　➡ ＿＿＿＿＿＿＿＿＿＿＿＿＿＿＿＿＿＿＿＿＿＿＿＿＿

3) あの人たちはみんな親切な人だ

　➡ ＿＿＿＿＿＿＿＿＿＿＿＿＿＿＿＿＿＿＿＿＿＿＿＿＿

　➡ ＿＿＿＿＿＿＿＿＿＿＿＿＿＿＿＿＿＿＿＿＿＿＿＿＿

4) 彼は意外とかなり有名だ

　➡ ＿＿＿＿＿＿＿＿＿＿＿＿＿＿＿＿＿＿＿＿＿＿＿＿＿

　➡ ＿＿＿＿＿＿＿＿＿＿＿＿＿＿＿＿＿＿＿＿＿＿＿＿＿

2 예와 같이 바꾸어 써 보세요.

> 예 雨が降る → 雨が降りそうです。

1) このセーターは暖かい ➡ _____

2) 彼は悲しい ➡ _____

3) 彼女はやさしくない ➡ _____

4) ここの店員さんは親切だ ➡ _____

5) この子は元気だ ➡ _____

6) この椅子は丈夫じゃない ➡ _____

7) 赤ちゃんが今にも泣く ➡ _____

8) そろそろ始まる ➡ _____

신출 단어

人たち 사람들 ｜ **意外と** 의외로, 보기보다 ｜ **かなり** 꽤, 퍽 ｜ **暖かい** 따뜻하다 ｜ **子** 아이 ｜ **椅子** 의자 ｜
赤ちゃん 아기, 갓난아기 ｜ **泣く** 울다 ｜ **となり** 옆, 이웃

1 예의 밑줄 친 말을 바꾸어 연습해 보세요.　　　　　　　　　　▶ Track 52

예　A　ちょっと、a あのケーキ、見てください。

　　B　あ、b とてもおいしそうですね。

　　A　c 買って食べましょうか。

　　B　ええ、そうしましょう。

1) a あのコート　　b とても高い　　c いくらか聞いてみる

2) a 山田さんの顔　b 今にも泣く　　c どうしたのか聞いてみる

3) a あの子供　　　b とても寂しい　c 遊んであげる

2 예의 밑줄 친 말을 바꾸어 연습해 보세요.　　　　　　　　　　▶ Track 53

> **예** A　木村さん、a 新しい彼氏ができたみたいですね。
>
> B　どうしてですか。
>
> A　なんだか最近、b うれしそうですから。
>
> B　うん。そうですね。そのようですね。

1) a 就職する　　　　　　　　b 忙しい

2) a 彼女と別れる　　　　　　b 寂しい

3) a 会社を辞める　　　　　　b いつもひまだ

신출 단어

コート 코트, 외투 | **いくらか** 얼마인지 | **聞く** 묻다 | **できる** 생기다 | **なんだか** 왠지, 어쩐지 | **就職する** 취직하다 | **辞める** 그만두다 | **いつも** 항상, 늘 | **ひまだ** 한가하다

작문 연습

1 다음 질문에 대한 답을 써 보세요.

1) あなたは買い物が好きですか。

➡ _____

_____

2) 買い物をするとき、普通、何をどこで買いますか。

➡ _____

_____

3) 買い物のとき、一番気をつけることは何ですか。

➡ _____

_____

4) ブランド物を買うことについて、どう思いますか。

➡ _____

_____

1 녹음된 내용을 잘 듣고 (   ) 안을 채우세요.　　　　　　　　　▶ Track 54

1) 夏<small>なつ</small>でも涼<small>すず</small>しいから、（　　　　　　　　　　） の別荘<small>べっそう</small>が多<small>おお</small>いんです。

2) ジホさんは（　　　　　　　　　）に興味<small>きょうみ</small>がありますか。

3) レストランや（　　　　　　　　）がたくさんあるんです。

4) （　　　　　　　　）はどこもこんな（　　　　　　　　）ですよ。

2 녹음된 내용을 잘 듣고 대답해 보세요.　　　　　　　　　　　　　　▶ Track 55

1) 軽井沢<small>かるいざわ</small>はどんなところですか。

　➡ _____

2) ジホさんはなぜ軽井沢<small>かるいざわ</small>のアウトレットモールに行<small>い</small>きましたか。

　➡ _____

신출 단어

どの 어느 ｜ 混<small>こ</small>む 혼잡하다, 붐비다 ｜ ~中<small>ちゅう</small> ~(하는) 중 ｜ 見<small>み</small>つける 발견하다

MEMO

제 12 과

地震が起きたら、どうしますか

じしん　お

학습 목표

- 점진적인 변화를 나타내는 표현을 익힌다.
- 가정 표현인 たら형을 익힌다.

학습 포인트

- 何度も経験してきたので、それほど怖くなかったんです。
  なんど　けいけん　　　　　　　　　　　　　こわ
- 地震が起きたら、どうしますか。
  じしん　お

金ジホ　昨日の夜、地震がありましたね。

佐藤　びっくりしたでしょう。
　　　でも小さい地震でしたから、心配要りません。

金ジホ　佐藤さん、怖くなかったんですか。
　　　私は初めて地震を経験したので、びっくりしました。

佐藤　そうですね。私は小さい頃から何度も経験してきたので、
　　　それほど怖くなかったんです。

金ジホ　佐藤さんは地震が起きたら、どうしますか。

佐藤　上から何か落ちてくるかもしれないので、まずは机の下
　　　に隠れます。

金ジホ　へえ、机の下に隠れるんですか。

佐藤　はい。それから電気も消した方がいいですよ。

金_{キム}ジホ 　電気_{でんき}を消_けしたらもっと怖_{こわ}くないんですか。

佐藤_{さとう} 　でも、火事_{かじ}になるかもしれませんから。

金_{キム}ジホ 　地震_{じしん}が起_おきて火事_{かじ}になることもありますか。
　　　　　本当_{ほんとう}に怖_{こわ}いですね。

佐藤_{さとう} 　でも、そんなことはめったにないから大丈夫_{だいじょうぶ}です。

신출 단어

地震_{じしん} 지진 | 小_{ちい}さい 작다 | 要_いる 필요하다 | 怖_{こわ}い 무섭다 | 小_{ちい}さい頃_{ころ} 어렸을 때 | 何度_{なんど}も 몇 번이나, 여러 번 |
〜てくる 〜(하)게 되다, 〜(해) 오다 | それほど 그렇게, 그다지 | 〜たら 〜(하)면 | 上_{うえ} 위 | まず 우선, 먼저 |
下_{した} 아래, 밑 | 隠_{かく}れる 숨다 | めったに 거의, 좀처럼

1 ～たら ～(하)면

일회적이거나 우연적인 사건, 시간이 지나면 반드시 성립하는 일 등을 나타내는 경우에 쓴다.

품사	기본형	활용 방법	～たら
명사	鳥 새	명사 + だったら	鳥だったら
い형용사	安い 싸다	い형용사 + かったら	安かったら
な형용사	必要だ 필요하다	な형용사 + だったら	必要だったら
동사	行く 가다	동사 たら형	行ったら

(1) 일회적이거나 이루어지지 않은 일을 가정하여 '만약에 그렇게 된다면'의 의미를 나타낸다.

雨が降ったら、キャンプは中止です。

木村さんに会ったら、よろしく伝えてください。

(2) 시간이 지나면 반드시 성립하는 일에 사용한다.

七月になったら、試合は中止です。

冬休みになったら、日本に帰りますか。

(3) 발견, 놀람, 의외, 거의 동시에 일어나는 동작, 우연히 발생한 일에 사용할 수 있다.

町を歩いていたら、先生を見かけた。

窓を開けたら、冷たい風が入ってきた。

2 ～てくる ～(하)게 되다, ～(해) 오다

현시점까지의 점진적인 변화를 나타내며 '오다'라는 의미가 더 강하다. 공간적인 이동의 방향을 나타내는 용법과 특정 사건의 시간적 추이를 나타내는 용법이 있다.

<ruby>日<rt>に</rt></ruby><ruby>本<rt>ほん</rt></ruby><ruby>語<rt>ご</rt></ruby>を<ruby>学<rt>まな</rt></ruby>ぶ<ruby>人<rt>ひと</rt></ruby>が<ruby>増<rt>ふ</rt></ruby>えてきました。

だんだんよくなってきました。

ずっとダイエットをしてきた。

3 めったに 좀체, 좀처럼

부사로서 뒤에 부정을 수반하여 '좀처럼 ～(하)지 않다, 좀처럼 ～(할) 수 없다'라는 의미로 사용된다.

めったに<ruby>会<rt>あ</rt></ruby>えないなあ。

めったに<ruby>見<rt>み</rt></ruby>つからない。

めったに<ruby>見<rt>み</rt></ruby>られない<ruby>作<rt>さく</rt></ruby><ruby>品<rt>ひん</rt></ruby>。

신출 단어

キャンプ 캠프 | <ruby>中<rt>ちゅう</rt></ruby><ruby>止<rt>し</rt></ruby> 중지 | よろしく<ruby>伝<rt>つた</rt></ruby>える 안부를 전하다 | <ruby>七<rt>しち</rt></ruby><ruby>月<rt>がつ</rt></ruby> 7월 | <ruby>中<rt>ちゅう</rt></ruby><ruby>止<rt>し</rt></ruby> 중지 | <ruby>町<rt>まち</rt></ruby> 거리, 마을 | <ruby>開<rt>あ</rt></ruby>ける 열다 |
<ruby>学<rt>まな</rt></ruby>ぶ 배우다, 익히다 | ダイエット 다이어트 | <ruby>見<rt>み</rt></ruby>つかる 발견되다

문형 연습

1 예와 같이 문장을 완성하세요.

> 예 大きくなる / 先生になる
> → 大きくなったら、先生になりたいです。

1) テストが終わる / ピクニックに行く

➡ _____

2) 恋人ができる / 一緒に旅行する

➡ _____

3) 日本に行ける / 日本のラーメンを食べてみる

➡ _____

4) いい物がある / たくさん買う

➡ _____

5) 彼に会う / 本当のことを言う

➡ _____

2 예와 같이 문장을 완성하세요.

> 예 高い / 買わない → 高かったら、買わないでください。

1) 駅に着く / 連絡する   ➡ _____

2) 眠い / コーヒーを飲む   ➡ _____

3) ひまだ / 家事を手伝う   ➡ _____

3 예와 같이 문장을 완성하세요.

> 예 窓を開ける / 富士山が見える
> → 窓を開けたら、富士山が見えました。

1) ボタンを押す / ドアが開く ➡ _____

2) 会ってみる / いい人だ   ➡ _____

3) よく考える / 答えが分かる ➡ _____

신출 단어

ピクニック 피크닉 | 恋人 애인 | 旅行する 여행하다 | ラーメン 라면 | 本当のこと 진실, 사실 | 駅 역 | 着く 도착하다 | 連絡する 연락하다 | 眠い 졸리다 | 家事 가사, 집안일 | ボタン 버튼 | 押す 밀다, 누르다 | 開く 열리다 | 答え 정답, 답

4 예와 같이 바꾸어 써 보세요.

> 예 だんだん本当のことが分かる
> → だんだん本当のことが分かってきました。

1) だんだんお金が減る

　➡ _____

2) だんだん事故が増える

　➡ _____

3) だんだん町が発展する

　➡ _____

4) だんだん考えが変わる

　➡ _____

신출 단어

減る 줄다 | 発展する 발전하다 | 変わる 바뀌다

1 囲의 밑줄 친 말을 바꾸어 연습해 보세요. ▶ Track 57

> 囲 A 明日 a 天気がよかったら、b ピクニックに行きましょう。
>
> B もし c 雨だったら、どうしますか。
>
> A そうですね。もし c 雨だったら、d 映画を見に行きましょう。

1) a 友だちが来る　　　　　b 一緒に遊ぶ
　 c 来ない　　　　　　　　d 家で勉強する

2) a 試合に勝つ　　　　　　b パーティーをする
　 c 負ける　　　　　　　　d 静かに帰る

3) a 彼女に会う　　　　　　b プレゼントをあげる
　 c 会えない　　　　　　　d 郵便で送る

4) a バーゲンセールをする　　b 服を買う
　 c しない　　　　　　　　d 始まるまで待つ

신출 단어

もし 만약(에), 혹시｜勝つ 이기다｜静かに 조용히｜郵便 우편｜バーゲンセール 바겐세일

예 A 最近、a 元気になりましたね。

B ええ、ずっと b 運動したら、a 元気になってきました。

1) a 成績が上がる b 勉強する

2) a 実力が伸びる b 練習する

3) a やせる b ダイエットする

4) a 太る b たくさん食べる

신출 단어

成績 성적 | **上がる** 오르다 | **実力** 실력 | **伸びる** 늘어나다, 향상되다 | **やせる** 살이 빠지다 | **太る** 살이 찌다

작문 연습

1 다음 질문에 대한 답을 써 보세요.

1) 韓国でも地震が起きますか。

　➡ _____

　　_____

2) もし、地震が起きたら、あなたはどうしますか。

　➡ _____

　　_____

3) 日本はなぜ地震が多いのでしょうか。

　➡ _____

　　_____

4) 地震以外の自然災害にはどんなのがありますか。経験したこと
がありますか。

　➡ _____

　　_____

신출 단어

~でしょうか ~일까요? | 以外 이외, 그 밖 | 自然災害 자연재해

1 녹음된 내용을 잘 듣고 (　) 안을 채우세요.　　　　　　　　　　▶ Track 59

1) 私は小さい頃から何度も（　　　　　　　　　）ので、それほど

　（　　　　　　　　　）なかったんです。

2) 何か（　　　　　　　　　）かもしれないので、まずは机の下に

　（　　　　　　　　　）。

3) それから電気を（　　　　　　　　）ですよ。

4) でも、そんなことは（　　　　　　　　）ないから大丈夫です。

2 녹음된 내용을 잘 듣고 대답해 보세요.　　　　　　　　　　　　　▶ Track 60

1) ジホさんは昨日の夜、なぜびっくりしましたか。

　➡ _____

2) 地震が起きたら、どうしますか。

　➡ _____

신출 단어

怖がる 무서워하다

軽ければ軽いほど、安くなります

학습 목표

- 가정 표현인 ば형을 익힌다.
- 비례관계를 나타내는 표현을 익힌다.

학습 포인트

- 車で送ってくれれば助かります。
- 軽ければ軽いほど、安くなります。

佐藤　ジホさん、そろそろ帰国ですね。

荷物はもう送りましたか。

金ジホ　いいえ、明日送るつもりです。

佐藤　じゃ、私の車で郵便局まで送りましょうか。

金ジホ　そうしてもらえれば助かります。

ぜひお願いします。

(우체국에서)

金ジホ　すみません、これ小包で韓国までお願いします。

局員　荷物をこちらにお上げください。

金ジホ　料金はどうなりますか。

局員　軽ければ軽いほど、安くなります。

船便と航空便とどちらにしますか。

金ジホ　料金はどのくらい違いますか。

局員　船便は２０キロ６８００円で、航空便は１１８５０円です。

金ジホ　じゃ、船便でお願いします。

局員　では、こちらに中身と値段などをお書きください。

신출 단어

帰国 귀국 │ 荷物 짐 │ 郵便局 우체국 │ 送る 데려다 주다, 바래다 주다 │ ～ば ～(하)면 │ 助かる 도움이 되다, 편해지다 │

小包 소포 │ 局員 (우체국) 직원 │ 上げる 올리다 │ 料金 요금 │ 軽い 가볍다 │ ～ば ～ほど ～(하)면 ～(할)수록 │

船便 배편 │ 航空便 항공편 │ どのくらい 어느 정도 │ 違う 다르다 │ キロ 킬로그램 │ 中身 내용물 │ 値段 가격, 값

1 ～ば ～(하)면

가정표현 「ば」는 조건만 주어지면 언제라도 사항이 성립하는 일반적인 조건 관계를 나타낸다. 속담이나 수학, 자연과학의 공식과 같은 일반 법칙을 표현하는 문장 등에 자주 사용된다.

품사	기본형	활용 방법	긍정 표현	부정 표현
명사	先生_{せんせい} 선생님	어간 + なら(ば)	先生_{せんせい}なら(ば)	先生_{せんせい}で(は)なければ
い형용사	高_{たか}い 비싸다 いい 좋다	어간 + ければ	高_{たか}ければ よければ	高_{たか}くなければ よくなければ
な형용사	きれいだ 예쁘다	어간 + なら(ば)	きれいなら(ば)	きれいで(は)なければ
1그룹동사	行_いく 가다	어미를 エ단으로 바꾸고 + ば	行_いけば	行_いかなければ
2그룹동사	見_みる 보다	어간 + れば	見_みれば	見_みなければ
3그룹동사	来_くる 오다 する 하다	불규칙	来_くれば すれば	来_こなければ しなければ

春_{はる}になれば桜_{さくら}が咲_さきます。

天気_{てんき}がよければ、ここから富士山_{ふじさん}が見_みえる。

どうすれば、部屋_{へや}が暖_{あたた}かくなりますか。

2 ~ば～ほど   ~(하)면 ~(할)수록

비례관계를 나타내는 관용표현이다.

広ければ広いほど、家賃は高くなります。

家は駅に近ければ近いほど、いいです。

外国語は勉強すればするほど、難しくなる。

3 お + 동사의 ます형 + ください   ~(해) 주세요

「～てください」의 경어체 표현이며 정중한 의뢰를 나타낸다.

お読みください。

お書きください。

お入りください。

신출 단어

春 봄 | 桜 벚꽃 | 広い 넓다 | 外国語 외국어

1 예와 같이 문장을 완성하세요.

> 예 冬_{ふゆ}になる / 寒_{さむ}くなる → 冬_{ふゆ}になれば寒_{さむ}くなります。

1) このボタンを押_おす / おつりが出_でる

   ⇒ _____

2) よく読_よむ / 分_わかる

   ⇒ _____

3) 恋_{こい}をする / やさしくなる

   ⇒ _____

4) 安_{やす}い / たくさん買_かう

   ⇒ _____

5) おいしくない / 食_たべない

   ⇒ _____

2 예와 같이 바꾸어 써 보세요.

> **예** 軽い → <u>軽ければ軽いほど</u> 安いです。

1) 重い ➡ _____高いです。

2) 食べる ➡ _____太ります。

3) 練習する ➡ _____うまくなります。

4) 知る ➡ _____知りたくなります。

3 예와 같이 바꾸어 써 보세요.

> **예** ここで待ってください → <u>ここでお待ちください。</u>

1) もう帰ってください ➡ _____

2) ゆっくり歩いてください ➡ _____

3) よく考えてください ➡ _____

4) 詳しく話してください ➡ _____

신출 단어

冬 겨울 | おつり 거스름돈 | 恋をする 사랑을 하다 | 重い 무겁다 | 詳しい 상세하다, 자세하다

1 예의 밑줄 친 말을 바꾸어 연습해 보세요. ▶ Track 62

예 A どうすれば a <u>速く走れ</u>ますか。

B もっと b <u>練習すれ</u>ば、a <u>速く走れ</u>ますよ。

1) a やせられる   b 運動する

2) a 女の子にもてる   b 親切にする

3) a きれいになれる   b やさしい心を持つ

4) a 話が上手になれる   b 本をたくさん読む

2 예의 밑줄 친 말을 바꾸어 연습해 보세요. ▶ Track 63

> 예 A お誕生日に何がほしいですか。
>
> B a ガールフレンドを紹介してください。
>
> A どんな b 人がいいですか。
>
> B c やさしければやさしいほどいいです。

1) a 服を買う　　　　b 服　　　　　c かわいい

2) a ケーキを作る　　b ケーキ　　　c 甘い

3) a セーターを編む　b セーター　　c 暖かい

4) a 映画を見せる　　b 映画　　　　c 面白い

신출 단어

もてる 인기가 있다 | かわいい 귀엽다 | 甘い 달다, 달콤하다 | 紹介する 소개하다 | 見せる 보여주다

작문 연습

1 다음 질문에 대한 답을 써 보세요.

1) どうすれば日本語が上手になれると思いますか。

　➡ _____

　_____

2) どうすれば健康的な生活ができると思いますか。

　➡ _____

　_____

3) どうすれば幸せになれると思いますか。

　➡ _____

　_____

4) どうすれば立派な人になれると思いますか。

　➡ _____

　_____

신출 단어

健康的だ 건강적이다, 건강하다 | **生活** 생활 | **幸せ** 행복

1 녹음된 내용을 잘 듣고 (　　) 안을 채우세요.　　　　▶ Track 64

1) じゃ、私<small>わたし</small>の車<small>くるま</small>で（　　　　　　　　）まで送<small>おく</small>りましょうか。

2) すみません、これ（　　　　　　　　）で韓国<small>かんこく</small>までお願<small>ねが</small>いします。

3) （　　　　　　　）は２０キロ６８００円で、（　　　　　）は
<small>にじゅう</small>　　　　　　<small>ろくせんはっぴゃくえん</small>
<small>いちまんせんはっぴゃくごじゅうえん</small>
１１８５０円です。

4) では、こちらに（　　　　　　）と（　　　　　　　）などを
お書<small>か</small>きください。

2 녹음된 내용을 잘 듣고 대답해 보세요.　　　　▶ Track 65

1) ジホさんはなぜ郵便局<small>ゆうびんきょく</small>に行<small>い</small>きましたか。

　➡ _____

2) 郵便局<small>ゆうびんきょく</small>で小包<small>こづつみ</small>の料金<small>りょうきん</small>は船便<small>ふなびん</small>と航空便<small>こうくうびん</small>、それぞれいくらですか。

　➡ _____

신출 단어

それぞれ 각각 | **箱**<small>はこ</small> 상자

부록

· 회화 및 청해 연습 해석
· 연습문제 정답 및 스크립트

제1과 | 커피를 마시면서 책 읽는 걸 좋아해요

회화 교내 커피숍에서

사토 아, 지호 씨. 여기서 자주 만나네요.

김지호 저는 여기서 커피를 마시면서 책 읽는 걸 좋아해요. 사토 씨도 뭔가 마실래요?

사토 그래요. 같이 마셔요.

김지호 뭐로 할까요?

사토 글쎄요. 저는 아이스커피를 마시고 싶어요. 지호 씨는요?

김지호 저는 따뜻한 커피로 할게요.

사토 저기요, 아이스커피랑 따뜻한 커피 주세요.

(커피를 마시면서)

사토 이번 황금연휴에 어딘가 가세요?

김지호 네. 친구랑 도쿄 디즈니랜드에 갈 생각이에요. 그리고 온천에도 가고 싶은데, 이 근처에 유명한 온천은 없을까요?

사토 하코네 온천이 가까워서 좋을 거예요.

김지호 사토 씨도 같이 가지 않을래요?

사토 저는 계속 아르바이트가 있어서요. 다음에 같이 가요.

청해 연습

1

1) 커피를 마시면서 책 읽는 걸 좋아합니다.

2) 이번 황금연휴에 어딘가 가십니까?

3) 친구랑 도쿄 디즈니랜드에 갈 생각입니다.

4) 온천에도 가고 싶은데, 이 근처에 유명한 온천은 없습니까?

2

지호 씨는 커피를 마시면서 책 읽는 걸 좋아합니다. 오늘도 커피숍에 갔는데 거기서 사토 씨를 만났습니다. 사토 씨는 아이스커피를 마시고 싶다고 합니다. 지호 씨는 따뜻한 커피로 합니다. 두 사람은 커피를 마시면서 이번 황금연휴에 무엇을 할지 이야기합니다. 지호 씨는 친구랑 도쿄 디즈니랜드에 갈 생각이고, 어딘가 가깝고 유명한 온천에도 가고 싶다고 합니다. 사토 씨는 지호 씨에게 하코네 온천이 좋다고 말합니다. 하지만 사토 씨는 아르바이트로 계속 바빠서 아무 데도 가지 않습니다.

제2과 | 꼭 데려가 주세요

회화 불꽃 축제에 가서

사토 지호 씨, 이번 주 토요일에 불꽃 축제가 있는데, 같이 가지 않을래요?

김지호 네, 꼭 데려가 주세요.

(불꽃 축제 당일에)

김지호 일본의 불꽃 축제는 굉장한데요? 아직 시간이 이른데도 사람들로 가득하네요.

사토 일본인에겐 여름철 즐거움의 하나로, 좋은 자리를 차지하려고 아침부터 사람들이 모이거든요.

(불꽃을 바라보면서)

김지호 와아, 정말 아름답고, 소리도 엄청나네요.

사토 소리가 너무 커서 불꽃 축제에 처음 오는 사람은 놀라곤 해요.

김지호 우와, 불꽃 종류도 많군요.

사토 네, 맞아요. 작품이라고 해도 될 정도죠.

김지호 그런데 일찍 왔더니 배가 고파요.

사토　저기 야키소바랑 오코노미야키 같은 가게가
　　　있는데, 가 볼래요?

김지호　네, 그래요.

청해 **연습**

1

1) 이번 주 토요일에 불꽃 축제가 있습니다.

2) 꼭 데려가 주세요.

3) 아직 시간이 이른데도 사람들로 가득하네요.

4) 좋은 자리를 차지하려고 아침부터 사람들이 모이
　기 때문입니다.

2

사토 씨는 지호 씨를 불꽃 축제에 데리고 왔습니다.
아직 시간이 이른데도 사람들로 가득합니다. 일본인
에게 불꽃 축제는 여름철 즐거움의 하나로, 좋은 자
리를 차지하기 위해서 아침부터 사람들이 모이기 때
문입니다. 불꽃은 매우 예쁘고 소리도 굉장합니다.
소리가 너무 커서 처음 오는 사람은 깜짝 놀랍니다.
게다가 종류도 많아서 작품이라고 말해도 될 정도입
니다. 지호 씨는 아침 일찍부터 와서 배가 고픕니다.
그래서 두 사람은 야키소바나 오코노미야키 같은 가
게에 갔습니다.

제3과 │ **지금 뭐 해요?**

회화 **통화를 하면서**

기무라　여보세요, 지호 씨죠? 기무라예요.

김지호　아, 기무라 씨.

기무라　지금 뭐 해요?

김지호　드라마를 보고 있어요.

기무라　지호 씨는 드라마를 자주 봐요?

김지호　한국에서는 별로 안 봤는데, 일본에 오고 나서
　　　는 일본어 공부를 위해서 자주 보고 있어요.

기무라　저도 일본에서의 한류 붐으로 「겨울 소나
　　　타」를 보고 나서 한국 드라마가 좋아졌어요.

김지호　그래요?

기무라　최근에는 현빈 씨가 나오는 「사랑의 불시
　　　착」도 봤어요. 한국의 배우는 정말 멋져요.

김지호　저는 아직 보지 못했지만, 그 드라마는 일본
　　　에서도 대인기로, 일본에서 한국으로 오는
　　　관광객이 늘었다고 들었습니다.

청해 **연습**

1

1) 일본에 오고 나서 일본어 공부를 위해서 자주 드
　라마를 보고 있습니다.

2) 저도 일본에서의 한류 붐으로 「겨울 소나타」를 보
　고 나서 한국 드라마가 좋아졌어요.

3) 최근에는 일본에서도 대인기인 「사랑의 불시착」
　도 봤어요.

4) 한국의 배우는 정말 멋져요.

2

지호 씨는 한국에서는 별로 드라마를 보지 않았습니
다. 하지만 일본에 오고 나서는 일본어 공부를 위해
서 자주 드라마를 봅니다. 기무라 씨는 일본에서의
한류 붐으로 「겨울 소나타」를 보고 나서 한국 드라
마가 좋아졌습니다. 최근에는 일본에서도 대인기인
「사랑의 불시착」을 보고 현빈 씨의 왕팬이 되었습니
다. 그래서 한국에도 관광하러 가고 싶습니다.

제4과 │ **오늘 스터디 모임 쉬어도 될까요?**

회화 **교내에서**

사토　지호 씨, 무슨 일 있어요?
　　　안색이 안 좋은데요?

김지호　배가 좀 아파서요.
　　　게다가 속도 거북하고요.

사토　혹시, 아까 불고기 뷔페에서 너무 많이 먹은
　　　거 아니에요?

김지호	그럴지도 모르겠어요.
	요즘 위 상태가 나빠서, 과식하면 안 되는데.
사토	약을 먹는 게 좋을지도 모르겠네요.
김지호	죄송한데, 오늘 스터디 모임 쉬어도 될까요?
사토	네, 오늘은 푹 쉬세요.
김지호	고마워요.
사토	그럼, 다음 스터디 모임은 언제로 할까요?
김지호	저는 내일 오후라도 괜찮은데, 사토 씨는요?
사토	내일은 아르바이트가 있어서요, 다음 주 월요일은 어때요?
김지호	네, 괜찮아요.
사토	그럼, 조심히 들어가세요.

청해 연습

1

1) 불고기 뷔페에서 과식했습니다.

2) 요즘 위 상태가 나빠서 과식하면 안 됩니다.

3) 다음 스터디 모임은 다음 주 월요일입니다.

4) 그럼, 조심히 들어가세요.

2

지호 씨는 요즘 위 상태가 나쁩니다. 그래서 과식하면 안 되는데, 아까 불고기 뷔페에서 과식했습니다. 그래서 지금 지호 씨는 안색이 나쁩니다. 배도 아프고 속도 거북합니다. 사토 씨는 지호 씨가 걱정입니다. 지호 씨는 오늘은 스터디 모임을 쉬고 집에 돌아가 푹 쉬고 싶다고 합니다. 다음 스터디 모임으로 지호 씨는 내일 오후라도 괜찮다고 했지만, 내일은 사토 씨가 아르바이트가 있어서 다음 주 월요일이 되었습니다.

제5과 | 아르바이트를 한 적이 있나요?

회화 아르바이트 광고지를 보면서

기무라	지호 씨, 뭘 보고 있어요?
김지호	아, 이거, 아르바이트 광고지예요.

기무라	아르바이트를 찾는 거예요?
김지호	네, 엔화가 올라서 부모님이 보내주시는 용돈만으로는 힘들고, 생활비 정도는 스스로 벌고 싶어서요.
기무라	지호 씨는 아르바이트를 한 적이 있나요?
김지호	한국에서는 아르바이트를 한 적이 있는데, 일본에서는 아직 한 번도 없어요.
기무라	한국에서는 어떤 아르바이트를 했어요?
김지호	주유소에서 일한 적이 있어요. 기무라 씨는 지금 아르바이트를 하고 있어요?
기무라	네, 물론이죠. 일본 대학생은 거의 다 하고 있어요.
김지호	어떤 아르바이트를 하고 있어요?
기무라	편의점에서 일주일에 두 번 일해요.
김지호	저도 편의점에서 일해 보고 싶은데, 일본어를 아직 잘 못해서 아르바이트 면접이 좀 걱정이에요.

청해 연습

1

1) 아, 이거, 아르바이트 광고지입니다.

2) 생활비 정도는 스스로 벌고 싶어서요.

3) 아르바이트 면접이 좀 걱정이에요.

4) 한국에서는 주유소에서 일한 적이 있습니다.

2

지호 씨는 지금 아르바이트 광고지를 보면서 아르바이트를 찾고 있습니다. 엔화가 올라서 부모님이 보내주시는 용돈만으로는 힘들고, 생활비 정도는 스스로 벌고 싶기 때문입니다. 지호 씨는 한국에서는 아르바이트를 한 적이 있습니다. 주유소에서 일했습니다. 하지만 일본에서는 아직 한 번도 한 적이 없습니다. 일본에서는 대부분의 대학생이 아르바이트를 하고 있습니다. 기무라 씨도 편의점에서 일주일에 두 번 일하고 있습니다. 지호 씨도 일본 편의점에서 일해보고 싶지만, 아직 일본어를 잘하지 못하기 때문에 아르바이트 면접이 조금 걱정입니다.

제6과 │ 빨래를 하기도 하고 식료품을 사러 가기도 했어요

회화 주말에 한 일을 이야기하면서

김지호 기무라 씨는 일요일에 뭐 했어요?

기무라 일요일은 빨래를 하기도 하고 식료품을 사러 가기도 했어요. 지호 씨는요?

김지호 저는 어젯밤에 야구 시합을 보러 갔어요.

기무라 지호 씨는 야구를 좋아하나요?

김지호 네, 매우 좋아해요.
한국에 있을 때도 친구들이랑 야구를 하기도 하고 시합을 보러 가기도 했어요.

기무라 어제 시합은 어땠어요?

김지호 져서 아쉬웠지만, 즐거운 시합이었어요.

기무라 지호 씨는 어느 팀을 응원해요?

김지호 역시 교진이죠.
기무라 씨는요?

기무라 저는 교토 출신이라서 간사이 팀을 응원해요.
집에는 늦게 들어갔겠네요?

김지호 네, 그래서 늦잠을 자서 수업에 늦었어요.

기무라 그런데, 리포트는 썼어요?

김지호 아, 아직이에요.

기무라 오늘까지니까 빨리 쓰는 게 좋을 거예요.

청해 연습

1

1) 일요일은 빨래를 하기도 하고 식료품을 사러 가기도 했습니다.

2) 저는 어젯밤에 야구 시합을 보러 갔습니다.

3) 교토 출신이기 때문에 간사이 팀을 응원하고 있습니다.

4) 어제는 귀가가 늦었기 때문에 늦잠을 자서 수업에 늦었습니다.

2

지호 씨는 어젯밤에 야구 시합을 보러 갔습니다. 지호 씨는 야구를 아주 좋아해서 한국에서는 자주 친구들과 야구를 하기도 하고 야구 시합을 보러 가기도 했습니다. 어제 시합은 져서 아쉬웠지만, 즐거운 시합이었습니다. 지호 씨는 교진을 응원했습니다. 밤 시합이었기 때문에 귀가가 상당히 늦어졌습니다. 그래서 오늘 아침은 늦잠을 자서 수업에 늦었습니다. 게다가 리포트도 아직 쓰지 않았습니다. 리포트는 오늘까지니까 지호 씨는 지금부터 빨리 쓰는 게 좋겠습니다.

제7과 │ 낫토도 먹을 수 있어요?

회화 하코네 온천을 다녀와서

김지호 이거 선물이에요.
여름 합숙으로 하코네 온천에 다녀왔답니다.

사토 정말 고마워요.
지호 씨는 일본 온천은 처음이죠?

김지호 네. 일본 온천 여관에 묵는 것도 처음이었어요.

사토 노천탕에도 들어갔어요?

김지호 물론 들어갔죠. 노천탕은 유황 온천이어서, 온천물 색이 하얬어요.

사토 온천 여관은 몇 번이나 온천에 들어갈 수 있어서 좋죠. 온천 달걀은 어땠어요?

김지호 온천 달걀은 별로 맛이 없었어요.
그래도 여관의 식사는 정말 맛있었어요.

사토 지호 씨는 일본 음식에도 이제 익숙해졌네요.

김지호 네, 많이 익숙해졌어요.

사토 그럼, 낫토도 먹을 수 있어요?

김지호 처음에는 못 먹었는데, 요즘은 점점 먹을 수 있게 됐어요.

사토 그거 다행이네요.

1

1) 일본 온천 여관에 묵는 것도 처음이었습니다.

2) 노천탕은 유황 온천이어서, 온천물 색이 하얐습니다.

3) 온천 여관은 몇 번이나 온천에 들어갈 수 있어서 좋죠.

4) 일본 음식에도 이제 익숙해져서 낫토도 먹을 수 있습니다.

2

지호 씨는 여름 합숙으로 하코네 온천에 다녀왔습니다. 지호 씨는 온천에 들어가는 것도, 일본 온천 여관에 묵는 것도 처음이었습니다. 노천탕은 유황 온천이어서 온천물 색이 하얗고, 아주 기분이 좋았습니다. 온천 달걀도 먹었지만, 그다지 맛있지 않았습니다. 하지만 여관의 식사는 무척 맛있었습니다. 지호 씨는 일본 음식에도 이제 많이 익숙해졌습니다. 낫토도 처음에는 먹지 못했지만, 요즘은 점점 먹을 수 있게 되었습니다.

제8과 | 한국에 있는 여자 친구가 보내 줬어요

회화 레스토랑에서

사토 지호 씨, 생일 축하합니다.

기무라 생일 축하해요.

김지호 고마워요.

기무라 어라, 지호 씨, 새 시계잖아요.
멋진데요?

김지호 네, 생일 선물로 한국에 있는 여자 친구가 보내 줬어요.

기무라 그 지갑도 멋지네요.

김지호 이건 엄마한테 받았어요.

사토 이건 제가 주는 선물이에요. 직접 만든 케이크랍니다. 다 같이 먹어요.

김지호 사토 씨, 케이크도 만들 수 있어요?

사토 만들 수 있어요.
다음에 지호 씨에게도 가르쳐 줄까요?

김지호 네, 꼭 가르쳐 주세요.
저도 여자 친구에게 케이크를 만들어 주고 싶어요.

사토 그런데, 기무라 씨는 생일에 뭘 갖고 싶으세요?

기무라 글쎄요. 새 스마트폰이 갖고 싶은데, 사 줄 남자 친구가 없어요.

1

1) 생일 축하해요.

2) 한국에 있는 여자 친구가 보내 준 생일 선물입니다.

3) 이것은 지호 씨에게 주는 직접 만든 케이크입니다.

4) 새 스마트폰을 사 줄 남자 친구가 없습니다.

2

오늘은 지호 씨 생일입니다. 그래서 지금 지호 씨는 기무라 씨, 사토 씨와 함께 레스토랑에 왔습니다. 오늘 지호 씨는 새 시계를 차고 있습니다. 한국에 있는 여자 친구가 보내 준 선물입니다. 또 어머니가 보내 주신 멋진 지갑도 들고 있습니다. 사토 씨는 지호 씨에게 직접 만든 케이크를 선물했습니다. 사토 씨는 자기가 직접 케이크를 만들 수 있어서, 다음에 지호 씨에게 케이크 만드는 법을 가르쳐 주겠다고 약속했습니다. 지호 씨는 한국에 있는 여자 친구에게 케이크를 만들어 주고 싶기 때문에 꼭 케이크 만드는 법을 배우고 싶습니다. 기무라 씨는 자기 생일에 새 스마트폰을 받고 싶습니다. 하지만, 지금 기무라 씨에게는 새 스마트폰을 사 줄 남자 친구가 없습니다.

제9과 | 못 불러도 웃지 마세요

회화 노래방에서

김지호 기무라 씨는 노래 잘해요?

기무라	잘 못 부르지만, 노래 부르는 건 좋아해요. 지호 씨는 노래방에 자주 와요?
김지호	아뇨, 가끔씩밖에 안 와요. 잘 못 부르거든요.
기무라	아는 일본 가수는 있어요?
김지호	아라시나 AKB48는 한국에서도 인기가 있 어서 잘 알고 있어요.
기무라	그렇군요. 일본에서도 한국 가수는 인기가 높고, 요즘 은 트와이스가 제2의 한류 아이돌 붐을 일으 키고 있어요.
김지호	아, 그건 한국에서도 화제가 되고 있어요.
기무라	자, 모처럼 노래방에 왔으니까 실컷 불러요.
김지호	저는 잘 못 불러서 부끄럽고, 일본 노래도 잘 몰라서요. 기무라 씨 부르세요.
기무라	그런 말 하지 말고 즐겨요. 한국 노래도 있으니까 어서 불러 주세요.
김지호	그럼, 못 불러도 웃지 마세요.

청해 **연습**

1

1) 노래를 잘 못해서 노래방에는 가끔씩밖에 오지 않
습니다.

2) 요즘은 트와이스가 제2의 한류 아이돌 붐을 일으
키고 있어요.

3) 모처럼 노래방에 왔으니까 실컷 부릅시다.

4) 그럼, 못 불러도 웃지 마세요.

2

지호 씨와 기무라 씨는 노래방에 왔습니다. 기무라
씨는 노래하는 건 좋아하지만, 노래는 그다지 잘하
지 못합니다. 지호 씨도 노래를 잘 못해서 노래방에
는 가끔씩 밖에 오지 않습니다. 지호 씨는 일본 가수
중에 아라시와 AKB48를 알고 있습니다. 아라시와
AKB48는 한국에서도 인기가 있기 때문입니다. 일
본에서도 한국 가수는 인기가 높아서, 요즘은 트와
이스가 제2의 한류 아이돌 붐을 일으키고 있습니다.
기무라 씨는 모처럼 노래방에 왔으니까 부끄러워하

지 말고 실컷 노래를 부르면서 즐기고 싶습니다. 하
지만 지호 씨는 노래를 잘 못 부르고, 일본 노래도 잘
모르기 때문에 노래하는 게 부끄럽습니다.

제10과 | **7시 전철을 타야만 해요**

회화 **가루이자와로 가는 전철에서**

김지호	죄송해요. 좀 늦었어요.
기무라	지호 씨, 서두르세요. 7시 전철을 타야만 해요. (전철을 타고 나서)
기무라	겨우 전철을 탔네요.
김지호	제가 좀 더 일찍 왔어야 했는데. 어제 만화를 늦게까지 봐서, 아침에 늦잠을 자 버렸어요.
기무라	그래도 전철 시간에는 늦지 않았으니까 괜 찮아요. 지호 씨는 만화를 좋아해요?
김지호	네. 일본어 공부도 일본 만화 덕에 시작했거든요. (전철에서 만화를 보는 아저씨를 발견하고)
김지호	일본에서는 어른이어도 전철 안에서 만화를 보는군요.
기무라	한국에서는 어른은 안 보나요?
김지호	밖에서는 잘 안 봐요. 기무라 씨도 만화를 보기도 해요?
기무라	예전에는 자주 봤죠. 만화도 여러 가지 있으니까요.
김지호	맞아요. 서점에서 경제나 한자에 대해 설명하는 만 화를 본 적이 있어요.

청해 **연습**

1

1) 어제 만화를 늦게까지 봐서, 아침에 늦잠을 자 버
렸습니다.

2) 그래도 전철 시간에는 늦지 않았으니까 괜찮아요.

3) 일본어 공부도 일본 만화 덕에 시작했거든요.

4) 서점에서 경제나 한자에 대해 설명하는 만화를 본 적이 있습니다.

2

지호 씨는 어제 늦게까지 만화를 읽었습니다. 그래서 아침에 늦잠을 자서 기무라 씨와의 약속 시간에 늦었지만, 7시 전철에는 겨우 시간을 맞추었습니다. 전철을 탈 수 있어서 정말 다행입니다. 지호 씨는 만화를 아주 좋아합니다. 일본 만화를 읽고 싶어서 일본어 공부를 시작했고, 일본 만화 덕에 일본어를 즐겁게 공부할 수 있었습니다. 일본에서는 어른이라도 전철 안에서 만화를 읽는 경우가 곧잘 있습니다. 기무라 씨도 지금은 그다지 읽지 않지만, 예전에는 만화를 자주 읽었습니다. 일본에는 만화 종류도 여러 가지가 있습니다. 지호 씨는 서점에서 경제나 한자에 대해 설명하는 만화를 본 적이 있습니다.

제11과 | 그거 재밌겠는데요?

회화 가루이자와에 도착해서

김지호 가루이자와는 여름인데도 서늘하고 좋은 곳이네요.

기무라 네. 여름에도 서늘해서 부자들의 별장이 많아요. 그런데, 지호 씨는 명품에 흥미가 있어요?

김지호 저는 별로 없지만, 한국에 있는 여자 친구는 관심이 있는 것 같더라고요. 왜 그래요?

기무라 이 근처에 큰 아웃렛몰이 있어서, 레스토랑이나 고급스러운 가게가 많이 있거든요.

김지호 그거 재밌겠는데요?

기무라 가까우니까 걸어서 가 볼래요?

김지호 좋아요.

　　　　(아웃렛몰에 도착해서)

김지호 여기는 일본이 아닌 것 같아요.

기무라 아웃렛몰은 어디나 이런 분위기인걸요. 이 가게 50% 할인한대요.

김지호 오, 저렴한데요?

기무라 모처럼 왔으니까 들어가 볼까요?

청해 연습

1

1) 여름에도 서늘해서 부자들의 별장이 많습니다.

2) 지호 씨는 명품에 흥미가 있습니까?

3) 레스토랑이나 고급스러운 가게가 많이 있습니다.

4) 아웃렛몰은 어디나 이런 분위기입니다.

2

지호 씨는 기무라 씨와 가루이자와에 왔습니다. 가루이자와는 여름에도 서늘해서 부자들의 별장이 많은 곳입니다. 지호 씨는 명품에는 그다지 흥미가 없지만, 모처럼 왔으니까 기무라 씨와 함께 아웃렛몰에 갔습니다. 기무라 씨가 레스토랑이나 고급스러운 가게가 많이 있다고 해서 아주 재미있을 것 같았기 때문입니다. 아웃렛몰은 매우 고급스러웠고 어느 가게나 사람들이 붐벼 일본이 아닌 것 같았습니다. 지호 씨와 기무라 씨는 50% 할인 중인 가게를 발견해서 들어가 봤습니다.

제12과 | 지진이 일어나면 어떻게 해요?

회화 어젯밤 지진에 대해 이야기하면서

김지호 어젯밤 지진이 있었잖아요.

사토 많이 놀랐죠?
　　　그래도 작은 지진이었으니까 걱정할 필요 없어요.

김지호 사토 씨, 무섭지 않았어요?
　　　저는 지진을 처음 경험해서 깜짝 놀랐어요.

사토 그렇죠. 저는 어렸을 때부터 여러 번 경험해 와서 그다지 무섭지 않았어요.

김지호 사토 씨는 지진이 일어나면 어떻게 해요?

사토 위에서 뭔가 떨어질지도 모르니까 우선 책상 아래에 숨어요.

김지호	오호, 책상 밑에 숨어요?
사토	네. 그리고 전깃불도 끄는 게 좋아요.
김지호	전깃불을 끄면 더 무섭잖아요.
사토	그래도 화재가 발생할지도 모르거든요.
김지호	지진이 나서 화재가 발생할 수도 있어요? 정말 무섭군요.
사토	그래도 그런 일은 거의 없으니까 괜찮아요.

청해 연습

1

1) 저는 어렸을 때부터 몇 번이나 경험해 와서 그다지 무섭지 않았습니다.

2) 뭔가 떨어질지도 모르니까, 우선 책상 아래에 숨습니다.

3) 그리고 전깃불을 끄는 편이 좋습니다.

4) 그래도 그런 일은 거의 없으니까 괜찮습니다.

2

지호 씨는 어젯밤, 일본에서 처음으로 지진을 경험했습니다. 작은 지진이었지만 정말 깜짝 놀랐습니다. 사토 씨는 자기는 어렸을 때부터 몇 번이나 경험해서 그다지 무섭지 않았다며, 지호 씨도 걱정하지 않아도 된다고 말했습니다. 그리고 지호 씨에게 지진이 났을 때 어떻게 하면 되는지 가르쳐 주었습니다. 지진이 나면 위에서 물건이 떨어질지도 모르니까, 우선 책상 아래에 숨습니다. 그리고 화재가 발생할지도 모르니까 전깃불을 끄는 게 좋습니다. 하지만, 지진이 나서 화재가 발생하는 일은 거의 없으니까, 그다지 무서워하지 않는 게 좋습니다.

제13과 | 가벼우면 가벼울수록 싸져요

회화 귀국 준비를 하면서

사토	지호 씨, 이제 곧 귀국하겠네요. 짐은 벌써 부쳤어요?
김지호	아뇨, 내일 부칠 생각이에요.

사토	그럼, 제 차로 우체국까지 데려다 줄까요?
김지호	그래 주면 감사하죠. 꼭 부탁드릴게요. (우체국에서)
김지호	저기요, 이거 소포로 한국까지 부탁합니다.
우체국 직원	짐을 여기에 올려 주세요.
김지호	요금은 어떻게 되나요?
우체국 직원	가벼우면 가벼울수록 싸져요. 배편과 항공편 중에 어느 쪽으로 하시겠어요?
김지호	요금은 어느 정도 다른가요?
우체국 직원	배편은 20킬로그램 6800엔이고, 항공편은 11850엔이에요.
김지호	그럼, 배편으로 부탁해요.
우체국 직원	그럼, 여기에 내용물과 가격 등을 적어 주세요.

청해 연습

1

1) 그럼, 제 차로 우체국까지 데려다 줄까요?

2) 저기요, 이거 소포로 한국까지 부탁합니다.

3) 배편은 20킬로그램 6800엔, 항공편은 11850엔입니다.

4) 그럼, 여기에 내용물과 가격 등을 적어 주세요.

2

지호 씨는 이제 곧 귀국합니다. 지호 씨는 한국에 짐을 부치러 우체국에 갔습니다. 짐이 많았기 때문에 사토 씨가 우체국까지 차로 바래다 주었습니다. 지호 씨는 사토 씨가 바래다 주어서 정말 도움이 되었습니다. 요금은 가벼우면 가벼울수록 쌉니다. 또 배편과 항공편이 있으며, 배편은 20킬로그램 6800엔이고, 항공편은 11850엔입니다. 지호 씨는 배편으로 부탁을 하고, 소포 상자 위에 내용물과 가격 등을 적었습니다.

연습문제 정답 및 스크립트

문형 연습

1

1) ご飯を食べながら新聞を読みます。
2) 道を歩きながら話をします。
3) よく考えながら話します。
4) 辞書を引きながら宿題をします。
5) 笑いながら手紙を読みます。

2

1) たばこが吸いたいです。
　 たばこが吸いたくありません。
　 たばこが吸いたくないです。
2) 彼女に会いたいです。
　 彼女に会いたくありません。
　 彼女に会いたくないです。
3) 飛行機に乗りたいです。
　 飛行機に乗りたくありません。
　 飛行機に乗りたくないです。
4) クラシックが聞きたいです。
　 クラシックが聞きたくありません。
　 クラシックが聞きたくないです。

회화 연습

1

1) A ちょっと音楽でも聞きませんか。
　 B いいですね。じゃ、音楽でも聞き
　　 ながら休みましょう。
2) A ちょっと散歩でもしませんか。
　 B いいですね。じゃ、散歩でもしな
　　 がら考えましょう。
3) A ちょっとカップラーメンでも食べ
　　 ませんか。
　 B いいですね。じゃ、カップラーメン
　　 でも食べながらテレビを見ましょ
　　 う。

2

1) A 今週の日曜日に何をするつもりで
　　 すか。
　 B 部屋の掃除をするつもりです。
　 A それからまた何をしますか。
　 B そうですね。それから料理を作り
　　 たいですね。
2) A 今週の日曜日に何をするつもりで
　　 すか。
　 B プールで泳ぐつもりです。
　 A それからまた何をしますか。
　 B そうですね。それから彼女とデート
　　 したいですね。

3) A 今週の日曜日に何をするつもりで
   すか。
   B ビデオを見るつもりです。
   A それからまた何をしますか。
   B そうですね。それからレポートを
   書きたいですね。

청해 **연습**

1

1) コーヒーを（飲みながら）本を読む
   のが好きです。
2) 今度の（ゴールデンウィーク）に、
   どこか行きますか。
3) 友だちと東京ディズニーランドに
   （行くつもり）です。
4) 温泉にも（行きたい）ですが、この
   （近くに）有名な温泉はありません
   か。

2

ジホさんはコーヒーを飲みながら本を読
むのが好きです。今日もコーヒーショッ
プに行きましたが、そこで佐藤さんに会
いました。佐藤さんは、アイスコーヒー
が飲みたいと言います。ジホさんは、ホ
ットコーヒーにします。二人は、コーヒ
ーを飲みながら今度のゴールデンウィー
クに何をするかを話します。ジホさん
は、友だちと東京ディズニーランドに
行くつもりで、どこか近くて有名な温
泉にも行きたいと言います。佐藤さん
はジホさんに、箱根温泉がいいと言い

ます。でも、佐藤さんは、ずっとバイ
トで忙しくて、どこにも行きません。

1) ジホさんは友だちと東京ディズニー
   ランドに行くつもりです。また、ど
   こか近くて有名な温泉にも行きたが
   ります。
2) 佐藤さんはずっとバイトをします。

제2과 | **ぜひ連れて行ってください**

문형 **연습**

1

1) 部屋に入って電話をかけます。
2) 友だちを呼んで一緒に遊びます。
3) 母を手伝って料理をします。
4) ちょっと休んでまた始めます。
5) 友だちと別れて一人で帰ります。

2

1) 朝早く起きてください。
2) 寝る前に歯を磨いてください。
3) 図書館に本を返してください。
4) 大きい声で読んでください。

3

1) うれしいのに笑いません。
2) 熱があるのに出かけます。
3) にぎやかなのに寂しいです。
4) 先生なのによく知りません。

1

1) A これから何をしますか。
B プールに行って泳ぎます。
A その後は何をしますか。
B 友だちと会ってビールを飲みます。

2) A これから何をしますか。
B シャワーを浴びて休みます。
A その後は何をしますか。
B 買い物をして料理を作ります。

3) A これから何をしますか。
B 本を買って読みます。
A その後は何をしますか。
B 公園に行って散歩をします。

2

1) A 私も作ってください。
B じゃ、1000円出してください。
それから、一週間待ってください。

2) A 私も仲間に入れてください。
B じゃ、パーティーに来てください。
それから、自己紹介をしてください。

3) A 私も貸してください。
B じゃ、きれいに使ってください。
それから、早く返してください。

4) A 私も教えてください。
B じゃ、よく聞いてください。
それから、よく覚えてください。

1

1) 今週の土曜日に（花火大会）があります。

2) ぜひ（連れて行って）ください。

3) まだ時間が（早いのに）人でいっぱいですね。

4) いい（場所を取る）ために朝から人が集まるからです。

2

佐藤さんは、ジホさんを花火大会に連れて来ました。まだ時間が早いのに人でいっぱいです。日本人に花火大会は、夏の楽しみの一つで、いい場所を取るために朝から人が集まるからです。花火はとてもきれいで、音もすごいです。音があまりにも大きくて、初めて来る人はびっくりします。それに、種類も多くて、作品と言っていいくらいです。ジホさんは、朝早くから来てお腹が空きました。それで二人は、焼きそばやお好み焼きなどのお店に行きました。

1) いい場所を取るために朝から人が集まるからです。

2) 花火は、とてもきれいで、音もすごいです。それに、種類も多くて、作品と言っていいくらいです。

제3과 | 今、何をしていますか

1

1) 走った → 走っている
2) 勉強した → 勉強している
3) 考えた → 考えている
4) 習った → 習っている
5) 落ちた → 落ちている
6) 探した → 探している
7) 遊んだ → 遊んでいる
8) 寝た → 寝ている

2

1) 日本語がうまくなりました。
2) 国が豊かになりました。
3) 料理がまずくなりました。
4) すてきな社会人になりました。
5) 部屋がきれいになりました。
6) 立派な先生になりました。

회화 연습

1

1) A 木村さんは誰ですか。
   B あそこの、ぼうしをかぶっている人です。
   A え、誰ですか。
   B ほら、あそこの、ぼうしをかぶって、ベンチに座っている人ですよ。

2) A 木村さんは誰ですか。
   B あそこの、机の前に立っている人です。
   A え、誰ですか。
   B ほら、あそこの、机の前に立って、たばこを吸っている人ですよ。

3) A 木村さんは誰ですか。
   B あそこの、ソファーに座っている人です。
   A え、誰ですか。
   B ほら、あそこの、ソファーに座って音楽を聞いている人ですよ。

4) A 木村さんは誰ですか。
   B あそこの、かばんを持っている人です。
   A え、誰ですか。
   B ほら、あそこの、かばんを持って、木のよこに立っている人ですよ。

2

1) A 木村君、本当に大きくなりましたね。
   B ええ、もうすっかり大人ですね。

2) A よしこさん、本当にきれいになりましたね。
   B ええ、もうすっかりレディーですね。

3) A 佐藤君、本当にまじめになりましたね。
   B ええ、もうすっかり優等生ですね。

4) A ひろこさん、本当に忙しくなりましたね。
   B ええ、もうすっかり有名人ですね。

1

1) 日本に来てから（日本語の勉強）の
ためによくドラマを見ています。

2) 私も、日本での（韓流ブーム）で
「冬のソナタ」を見てから、韓国ドラ
マが好きになりました。

3) 最近は日本でも（大人気）の「愛の
不時着」も見ましたよ。

4) 韓国の（俳優）は本当にすてきですね。

2

ジホさんは韓国ではあまりドラマを見
ませんでした。しかし、日本に来てか
らは日本語の勉強のために、よくドラ
マを見ています。木村さんは、日本で
の韓流ブームで「冬のソナタ」を見てか
ら、韓国ドラマが好きになりました。
最近は日本でも大人気の「愛の不時着」
も見て、ヒョンビンさんの大ファンに
なりました。それで、韓国にも観光に
行きたいと思っています。

1) 日本語の勉強のためです。

2) 日本での韓流ブームで「冬のソナタ」
を見てから、韓国ドラマが好きにな
りました。

**第4課 今日の勉強会、休んでも
いいですか**

1

1) 有名な人になりたいんです。

2) 韓国は豊かな国なんです。

3) あの店員さんは親切なんです。

4) これから用事があるんです。

2

1) 夜は静かかもしれません。

2) その小説は面白いかもしれません。

3) 彼は大学の先生かもしれません。

4) 会議は始まっているかもしれません。

3

1) 朝早く来てもいいですか。
朝早く来てはいけません。

2) 赤いスカートをはいてもいいですか。
赤いスカートをはいてはいけません。

3) コーヒーを飲んでもいいですか。
コーヒーを飲んではいけません。

4) クーラーをつけてもいいですか。
クーラーをつけてはいけません。

5) たくさん買ってもいいですか。
たくさん買ってはいけません。

6) メモを取ってもいいですか。
メモを取ってはいけません。

1

1) A どうしてもう帰るんですか。
   B 明日テストがあるんです。
   A これから勉強をするんですか。
   B はい、そうです。

2) A どうしてもう帰るんですか。
   B 家で休みたいんです。
   A 疲れているんですか。
   B はい、そうです。

3) A どうしてもう帰るんですか。
   B 好きなドラマが始まるんです。
   A 家でテレビを見るんですか。
   B はい、そうです。

4) A どうしてもう帰るんですか。
   B 仕事が残っているんです。
   A また会社に戻るんですか。
   B はい、そうです。

2

1) A ここで電話をしてもいいですか。
   B いいえ、ここで電話をしてはいけません。
   A じゃ、メールはしてもいいですか。
   B はい、メールはしてもいいです。

2) A ここで写真をとってもいいですか。
   B いいえ、ここで写真をとってはいけません。
   A じゃ、絵は描いてもいいですか。
   B はい、絵は描いてもいいです。

3) A ここでテレビを見てもいいですか。
   B いいえ、ここでテレビを見てはいけません。
   A じゃ、音楽は聞いてもいいですか。
   B はい、音楽は聞いてもいいです。

4) A ここで英語を話してもいいですか。
   B いいえ、ここで英語を話してはいけません。
   A じゃ、日本語は話してもいいですか。
   B はい、日本語は話してもいいです。

1

1) 焼き肉の（食べ放題）で食べすぎました。
2) 最近（胃の調子）が悪くて、食べすぎてはいけません。
3) （次）の（勉強会）は来週の月曜日です。
4) じゃ、（気をつけて）帰ってください。

2

ジホさんは最近胃の調子が悪いです。ですから食べすぎてはいけないのに、さっき焼き肉の食べ放題で食べすぎました。それで今ジホさんは、顔色が悪いです。お腹も痛くて、気持ちも悪いです。佐藤さんは、ジホさんが心配です。ジホさんは、今日の勉強会を休んで、家に帰ってゆっくり休みたいと言います。次の勉強会は、ジホさんは明日の午後でもいいと言いましたが、

明日は佐藤さんがバイトがあるので、
来週の月曜日になりました。

1) 最近胃の調子が悪くて、食べすぎては
いけないのに、さっき焼き肉の食べ放
題で食べすぎてしまったからです。
2) ジホさんは明日の午後でもいいんで
すが、佐藤さんが明日はバイトが入っ
ているからです。

제5과 | バイトをしたことがありま
すか

문형 연습

1
1) 顔もきれいだし、心もやさしいです。
2) 雨も降るし、風も吹きます。
3) お酒も飲むし、たばこも吸います。
4) お金もないし、友だちもいません。
5) 天気もいいし、宿題もありません。

2
1) 時間がかかるから、タクシーで行き
たいです。
2) 兄弟がいないから、友だちをたくさ
ん作りたいです。
3) 明日テストがあるから、一生懸命
勉強したいです。
4) 雨が降るから、傘を買いたいです。
5) もう遅いから、そろそろ帰りたいです。

3
1) 学校で日本語を習ったことがあります。
2) 1年間、彼女とつきあったことがあ
ります。
3) 交通事故にあったことがあります。
4) 小学生に数学を教えたことがあります。
5) 幽霊を見たことがあります。

회화 연습

1
1) A 女の子とつきあったことがありま
すか。
B いいえ、まだありません。
A どうしてですか。
B 興味もないし、仕事も忙しいから
です。
2) A 自分で料理を作ったことがありま
すか。
B いいえ、まだありません。
A どうしてですか。
B 上手じゃないし、めんどうだから
です。
3) A 日本語の小説を読んだことがあり
ますか。
B いいえ、まだありません。
A どうしてですか。
B 難しいし、時間もかかるからです。
4) A 好きな人に告白したことがありま
すか。
B いいえ、まだありません。
A どうしてですか。
B 勇気もないし、恥ずかしいからです。

2

1) A どうして出かけませんか。
   B 雨が降るから、どこへも行きたく
     ありません。

2) A どうして出かけませんか。
   B 服がないから、どこへも行きたく
     ありません。

3) A どうして出かけませんか。
   B お金がないから、どこへも行きた
     くありません。

4) A どうして出かけませんか。
   B 宿題がたくさんあるから、どこへ
     も行きたくありません。

1

1) あ、これ、バイトの（広告チラシ）
   です。

2) （生活費）くらいは自分で（稼ぎた
   い）ですからね。

3) バイトの（面接）がちょっと（心
   配）です。

4) 韓国では、（ガソリンスタンド）で
   （働いた）ことがあります。

2

ジホさんは今、バイトの広告チラシを
見ながらバイトを探しています。円高
で親からの仕送りだけでは大変ですし、
生活費くらいは自分で稼ぎたいからで
す。ジホさんは、韓国ではバイトをし
たことがあります。ガソリンスタンド

で働きました。でも、日本ではまだ一
度もしたことがありません。日本では
ほとんどの大学生がバイトをしていま
す。木村さんも、コンビニで週2回働
いています。ジホさんも、日本のコン
ビニで働いてみたいですが、まだ日本
語が上手じゃないので、バイトの面接
がちょっと心配です。

1) 円高で親からの仕送りだけでは大変
   ですし、生活費くらいは自分で稼ぎ
   たいからです。

2) 木村さんは、コンビニで週2回働い
   ています。

第6과 | 洗濯をしたり、食料品を
　　　　買いに行ったりしました

1

1) 食べたり、飲んだりします。

2) 好きだったり、嫌いだったりします。

3) よかったり、悪かったりします。

4) 子供だったり、大人だったりします。

2

1) 家賃を払った方がいいです。

2) 毎日掃除をした方がいいです。

3) まじめに働いた方がいいです。

4) 早く始めた方がいいです。

1

1) A 週末には、普通、何をしますか。
　B 掃除をしたり、洗濯をしたりします。
　A 今週の日曜日に一緒に服を買いに行きませんか。
　B ええ、いいですよ。一緒に行きましょう。

2) A 週末には、普通、何をしますか。
　B 昼寝をしたり、ギターをひいたりします。
　A 今週の日曜日に一緒に写真をとりに行きませんか。
　B ええ、いいですよ。一緒に行きましょう。

3) A 週末には、普通、何をしますか。
　B 友だちに会ったり、買い物をしたりします。
　A 今週の日曜日に一緒にアパートを探しに行きませんか。
　B ええ、いいですよ。一緒に行きましょう。

2

1) A 明日は何をしますか。
　B そうですね。家で勉強をするつもりです。
　A それより、デパートへ買い物に行きませんか。
　B すみません、買い物には行きたくありません。

2) A 明日は何をしますか。
　B そうですね。家でテレビを見るつもりです。
　A それより、プールへ泳ぎに行きませんか。
　B すみません、泳ぎには行きたくありません。

3) A 明日は何をしますか。
　B そうですね。家で昼寝をするつもりです。
　A それより、公園へ散歩に行きませんか。
　B すみません、散歩には行きたくありません。

1

1) 日曜日は（洗濯）をしたり、（食料品）を買いに行ったりしました。
2) 私は昨日の夜、（野球の試合）を見に行きました。
3) 京都（出身）だから、関西チームを（応援して）います。
4) 昨日は（帰り）が遅かったので、（寝坊して）授業に遅れました。

2

ジホさんは昨日の夜、野球の試合を見に行きました。ジホさんは野球が大好きで、韓国ではよく友だちと野球をしたり、試合を見に行ったりしました。昨日の試合は負けて残念でしたが、楽

しい試合でした。ジホさんは、巨人を応援しました。夜の試合でしたから、帰りがだいぶ遅くなりました。それで、寝坊をして授業に遅れました。それに、レポートもまだ書いていません。レポートは今日までですから、ジホさんは今から早く書いた方がいいです。

1) 野球の試合を見に行きました。
2) 昨日は帰りがだいぶ遅くなって、寝坊したからです。

제7과 | 納豆も食べることができますか

문형 연습

1

1) 日本の歌を歌うことができます。
   日本の歌が歌えます。
2) 自由に空を飛ぶことができます。
   自由に空を飛べます。
3) スマホで見ることができます。
   スマホで見られます。
4) 数学を教えることができます。
   数学が教えられます。
5) 5時までに帰ることができます。
   5時までに帰れます。

2

1) 毎日彼女に会えるようになりました。

2) 毎日おいしい食事ができるようになりました。
3) きれいなところに住めるようになりました。
4) 難しい数学の問題が解けるようになりました。
5) 自転車で学校に行けるようになりました。

회화 연습

1

1) A スパゲティを作ることができますか。
   B ええ、作れます。
   A ピザも作れますか。
   B いいえ、ピザは作れません。
2) A 数学を教えることができますか。
   B ええ、教えられます。
   A 英語も教えられますか。
   B いいえ、英語は教えられません。
3) A ギターをひくことができますか。
   B ええ、ひけます。
   A ピアノもひけますか。
   B いいえ、ピアノはひけません。
4) A マフラーを編むことができますか。
   B ええ、編めます。
   A セーターも編めますか。
   B いいえ、セーターは編めません。

2

1) A 水泳が上手になりましたね。
   B ええ、毎日練習して、速く泳げるようになりました。

2) A 料理が上手になりましたね。
   B ええ、いろいろ作ってみて、おい
   しく作れるようになりました。
3) A 歌が上手になりましたね。
   B ええ、カラオケで練習して、うま
   く歌えるようになりました。

청해 연습

1

1) 日本の（温泉旅館）に泊まるのも初
   めてでした。
2) 露天風呂は（硫黄温泉）で、（お湯
   の色）が白かったです。
3) 温泉旅館では何回も温泉に（入れ
   る）のがいいですね。
4) 和食にももう慣れて、納豆も食べる
   （ことができます）。

2

ジホさんは、夏の合宿で箱根温泉に行っ
て来ました。ジホさんは日本の温泉に
入るのも、日本の温泉旅館に泊まるの
も初めてでした。露天風呂は硫黄温泉
で、お湯の色が白くて、とても気持ち
よかったです。温泉たまごも食べまし
たが、あまりおいしくありませんでし
た。でも、旅館の食事はとてもおいし
かったです。ジホさんは、和食にもも
うだいぶ慣れました。納豆も、最初は
食べられませんでしたが、最近はだん
だん食べられるようになりました。

1) 露天風呂の硫黄温泉はとても気持ちよ
   かったし、食事もおいしかったです。
2) はい、ジホさんは、和食にももうだ
   いぶ慣れました。納豆も、最初は食
   べられませんでしたが、最近はだん
   だん食べられるようになりました。

제8과 | 韓国にいる彼女が送って
くれました

문형 연습

1

1) さしあげました（いただきました）
2) くれました
3) くださいました
4) いただきました（さしあげました）
5) もらいました

2

1) 木村さんはジホさんにソウルを案内
   してもらいました。
2) 私は母に新しいセーターを編んでも
   らいました。
3) 先生は私に言葉の意味をもう一度説
   明してくださいました。
4) 佐藤さんは私に日本の人形を送って
   くれました。
5) 私は先生に先生の考えを話していた
   だきました。

1

1) A そのセーターは誰に編んでもらい
　　ましたか。
　　B 日本人の友だちが編んでくれました。
　　A その友だちには何をしてあげまし
　　たか。
　　B ソウルを案内してあげました。

2) A そのおにぎりは誰に作ってもらい
　　ましたか。
　　B 日本人の友だちが作ってくれました。
　　A その友だちには何をしてあげまし
　　たか。
　　B 人形を買ってあげました。

3) A その絵は誰に描いてもらいましたか。
　　B 日本人の友だちが描いてくれました。
　　A その友だちには何をしてあげまし
　　たか。
　　B 写真をとってあげました。

2

1) A 今、一番ほしいものは何ですか。
　　B 私は、自分の家がほしいです。
2) A 今、一番ほしいものは何ですか。
　　B 私は、冷たいビールがほしいです。
3) A 今、一番ほしいものは何ですか。
　　B 私は、本当の愛がほしいです。

1

1) お誕生日、（おめでとう）。

2) 韓国にいる彼女が送ってくれた（誕
　生日プレゼント）です。

3) これはジホさんにあげる（手作りの
　ケーキ）です。

4) 新しいスマホを（買ってくれる）彼
　氏がいません。

2

今日はジホさんのお誕生日です。それ
で今ジホさんは、木村さんと佐藤さん
と一緒にレストランに来ています。
今日ジホさんは新しい時計をしていま
す。韓国にいる彼女が送ってくれたプレ
ゼントです。また、お母さんが送って
くださった、すてきなさいふも持って
います。佐藤さんはジホさんに手作り
のケーキをプレゼントしました。佐藤
さんは自分でケーキが作れますから、
今度ジホさんにケーキの作り方を教え
てあげると約束しました。ジホさん
は、韓国にいる彼女にケーキを作って
あげたいから、ぜひケーキの作り方を
教えてもらいたいです。木村さんは自
分の誕生日に、新しいスマホがもらい
たいです。でも、今、木村さんには新
しいスマホを買ってくれる彼氏がいま
せん。

1) 佐藤さんはジホさんに手作りのケー
　キをプレゼントしました。

2) 韓国にいる彼女にケーキを作ってあ
　げたいからです。

문형 **연습**

1

1) 予習しないで授業を受けます。
2) 窓を閉めないで出かけます。
3) ご飯を食べないで学校へ行きます。
4) 電気を消さないで寝ます。
5) 宿題をしないで友だちと遊びます。

2

1) 歩きながらたばこを吸わないでください。
2) あまり深く考えないでください。
3) 夜遅く出歩かないでください。
4) クーラーをつけないでください。
5) 大きい声を出さないでください。
6) 休みの時間に勉強しないでください。

회화 **연습**

1

1) A もう勉強しなくてもいいですか。
   B はい。無理して勉強しないでください。
   大丈夫ですから、勉強しないで休んでください。
2) A もう走らなくてもいいですか。
   B はい。無理して走らないでください。
   大丈夫ですから、走らないで休んでください。

3) A もう書かなくてもいいですか。
   B はい。無理して書かないでください。
   大丈夫ですから、書かないで休んでください。
4) A もう練習しなくてもいいですか。
   B はい。無理して練習しないでください。
   大丈夫ですから、練習しないで休んでください。

2

1) A パソコンは3台しかありませんか。
   B はい。今、使っているのは3台だけです。
2) A 本は2冊しかありませんか。
   B はい。今、持っているのは2冊だけです。
3) A 色は赤しかありませんか。
   B はい。今、売っているのは赤だけです。
4) A 時間は30分しかありませんか。
   B はい。今、残っているのは30分だけです。

청해 **연습**

1

1) うまく歌えないので、カラオケには（たまにしか）来ません。
2) 最近は、TWICEが第二の（韓流アイドルブーム）を起こしていますよ。
3) （せっかく）カラオケに来たんだから、（たくさん）歌いましょう。

4) じゃあ、下手でも（笑わないで）く
ださいね。

2

ジホさんと木村さんはカラオケに来
ました。木村さんは歌うのは好きで
すが、歌はあまり上手じゃありませ
ん。ジホさんもうまく歌えないので、
カラオケにはたまにしか来ません。
ジホさんは、日本の歌手の中で、嵐
とAKB４８を知っています。嵐と
AKB４８は韓国でも人気があるから
です。日本でも韓国の歌手は人気が高く
て、最近は、TWICEが第二の韓流アイ
ドルブームを起こしています。木村さ
んは、せっかくカラオケに来たんだか
ら、恥ずかしがらないで、たくさん歌
いながら楽しみたいです。でも、ジホ
さんは、歌が下手だし、日本の歌もあ
まり知らないので、歌うのが恥ずかし
いです。

1) いいえ。うまく歌えないので、たま
にしか来ません。
2) 歌が下手だし、日本の歌もあまり知
らないからです。

文型 連習

1

1) 朝８時までに来なければなりません。
2) 教室を掃除しなければなりません。
3) 元気な声で歌わなければなりません。
4) 家族のみなさんに伝えなければなり
ません。
5) もっと速く走らなければなりません。

2

1) 授業が始まってしまいました。
2) テストが終わってしまいました。
3) コーヒーを３杯も飲んでしまいました。
4) 彼女と別れてしまいました。
5) お金を全部使ってしまいました。

会話 連習

1

1) A 毎日練習しなくてもいいですか。
B いいえ、毎日練習してください。
A 必ず毎日練習しなければなりませ
んか。
B はい、そうです。
2) A 毎朝走らなくてもいいですか。
B いいえ、毎朝走ってください。
A 必ず毎朝走らなければなりません
か。
B はい、そうです。

3) A 彼と会わなくてもいいですか。
　　B いいえ、彼と会ってください。
　　A 必ず彼と会わなければなりません
　　　か。
　　B はい、そうです。

4) A 早く起きなくてもいいですか。
　　B いいえ、早く起きてください。
　　A 必ず早く起きなければなりませんか。
　　B はい、そうです。

2

1) A 映画を勉強しているんですか。
　　B はい、映画を勉強して一ヶ月ぐら
　　　いになります。
　　A そうですか。どうして映画を勉強
　　　しているんですか。
　　B 映画の歴史について知りたかった
　　　んです。

2) A 毎週山に行っているんですか。
　　B はい、毎週山に行って一ヶ月ぐら
　　　いになります。
　　A そうですか。どうして毎週山に行っ
　　　ているんですか。
　　B 山の植物について知りたかったん
　　　です。

3) A 料理教室に通っているんですか。
　　B はい、料理教室に通って一ヶ月ぐ
　　　らいになります。
　　A そうですか。どうして料理教室に
　　　通っているんですか。
　　B 伝統料理について知りたかったん
　　　です。

1

1) 昨日マンガを遅くまで読んでいたの
　　で、（朝寝坊）してしまいました。

2) でも、電車の時間には（間に合っ
　　た）から大丈夫です。

3) 日本語の勉強も、日本のマンガの
　　（おかげで）始めたんです。

4) 本屋で（経済）や（漢字）について
　　説明しているマンガを見たことがあ
　　ります。

2

ジホさんは昨日遅くまでマンガを読ん
でいました。それで朝寝坊をして、木
村さんとの約束の時間に遅れました
が、7時の電車にはやっと間に合いま
した。電車に乗れて本当によかったで
す。ジホさんはマンガがとても好きで
す。日本のマンガが読みたくて日本語
の勉強を始めたし、日本のマンガのお
かげで日本語を楽しく勉強すること
ができました。日本では、大人でも電車
の中でマンガを読むことがよくありま
す。木村さんも、今はあまり読みませ
んが、昔はマンガをよく読んだりしま
した。日本にはマンガの種類もいろい
ろあります。ジホさんは本屋で、経済
や漢字について説明しているマンガを
見たことがあります。

1) 昨日マンガを遅くまで読んでいて、今日、朝寝坊をしてしまったからです。
2) マンガがとても好きで、日本のマンガが読みたかったからです。

제11과 | それは、面白そうですね

1

1) となりの部屋に誰かいるみたいです。
   となりの部屋に誰かいるようです。
2) 明日のテストは難しいみたいです。
   明日のテストは難しいようです。
3) あの人たちはみんな親切な人みたいです。
   あの人たちはみんな親切な人のようです。
4) 彼は意外とかなり有名みたいです。
   彼は意外とかなり有名なようです。

2

1) このセーターは暖かそうです。
2) 彼は悲しそうです。
3) 彼女はやさしくなさそうです。
4) ここの店員さんは親切そうです。
5) この子は元気そうです。
6) この椅子は丈夫じゃなさそうです。
7) 赤ちゃんが今にも泣きそうです。
8) そろそろ始まりそうです。

1

1) A ちょっと、あのコート、見てください。
   B あ、とても高そうですね。
   A いくらか聞いてみましょうか。
   B ええ、そうしましょう。
2) A ちょっと、山田さんの顔、見てください。
   B あ、今にも泣きそうですね。
   A どうしたのか聞いてみましょうか。
   B ええ、そうしましょう。
3) A ちょっと、あの子供、見てください。
   B あ、とても寂しそうですね。
   A 遊んであげましょうか。
   B ええ、そうしましょう。

2

1) A 木村さん、就職したみたいですね。
   B どうしてですか。
   A なんだか最近、忙しそうですから。
   B うん。そうですね。そのようですね。
2) A 木村さん、彼女と別れたみたいですね。
   B どうしてですか。
   A なんだか最近、寂しそうですから。
   B うん。そうですね。そのようですね。
3) A 木村さん、会社を辞めたみたいですね。
   B どうしてですか。
   A なんだか最近、いつもひまそうですから。
   B うん。そうですね。そのようですね。

1

1) 夏でも涼しいから、（お金持ち）の
別荘が多いんです。

2) ジホさんは（ブランド物）に興味が
ありますか。

3) レストランや（おしゃれなお店）が
たくさんあるんです。

4) （アウトレットモール）はどこもこ
んな（雰囲気）ですよ。

2

ジホさんは木村さんと軽井沢に来ていま
す。軽井沢は夏でも涼しくて、お金持
ちの別荘が多いところです。ジホさん
はブランド物にはあまり興味がありま
せんが、せっかくだからアウトレット
モールに行きました。木村さんがレス
トランやおしゃれなお店がたくさんあ
ると言って、とても面白そうだったか
らです。アウトレッとモールはとても
おしゃれだったし、どのお店も混んで
いて、日本じゃないみたいです。ジホ
さんと木村さんは、5割引中のお店を
見つけて、入ってみました。

1) 軽井沢は夏でも涼しくて、お金持ち
の別荘も多いところです。

2) 木村さんが、レストランやおしゃれ
なお店がたくさんあると言って、と
ても面白そうだったからです。

1

1) テストが終わったら、ピクニックに
行きたいです。

2) 恋人ができたら、一緒に旅行したい
です。

3) 日本に行けたら、日本のラーメンを
食べてみたいです。

4) いい物があったら、たくさん買いた
いです。

5) 彼に会ったら、本当のことを言いた
いです。

2

1) 駅に着いたら、連絡してください。

2) 眠かったら、コーヒーを飲んでくだ
さい。

3) ひまだったら、家事を手伝ってくだ
さい。

3

1) ボタンを押したら、ドアが開きました。

2) 会ってみたら、いい人でした。

3) よく考えたら、答えが分かりました。

4

1) だんだんお金が減ってきました。

2) だんだん事故が増えてきました。

3) だんだん町が発展してきました。

4) だんだん考えが変わってきました。

1

1) A 明日友だちが来たら、一緒に遊び
   ましょう。

   B もし来なかったら、どうしますか。

   A そうですね。もし来なかったら、
   家で勉強しましょう。

2) A 明日試合に勝ったら、パーティー
   をしましょう。

   B もし負けたら、どうしますか。

   A そうですね。もし負けたら、静か
   に帰りましょう。

3) A 明日彼女に会ったら、プレゼント
   をあげましょう。

   B もし会えなかったら、どうしますか。

   A そうですね。もし会えなかった
   ら、郵便で送りましょう。

4) A 明日バーゲンセールをしたら、服
   を買いましょう。

   B もししなかったら、どうしますか。

   A そうですね。もししなかったら、
   始まるまで待ちましょう。

2

1) A 最近、成績が上がりましたね。

   B ええ、ずっと勉強したら、成績が
   上がってきました。

2) A 最近、実力が伸びましたね。

   B ええ、ずっと練習したら、実力が
   伸びてきました。

3) A 最近、やせましたね。

   B ええ、ずっとダイエットしたら、
   やせてきました。

4) A 最近、太りましたね。

   B ええ、ずっとたくさん食べたら、
   太ってきました。

1

1) 私は小さい頃から何度も（経験してき
   た）ので、それほど（怖く）なかった
   んです。

2) 何か（落ちてくる）かもしれないの
   で、まずは机の下に（隠れます）。

3) それから電気を（消した方がいい）
   ですよ。

4) でも、そんなことは（めったに）な
   いから大丈夫です。

2

ジホさんは昨日の夜、日本で初めて地震
を経験しました。小さい地震でしたが、
本当にびっくりしました。佐藤さんは、
自分は小さい頃から何度も経験してきた
ので、それほど怖くなかったし、ジホさ
んも心配しなくてもいいと言いました。
それから、ジホさんに地震が起きたと
き、どうしたらいいのかを教えてあげま
した。地震が起きたら、上から物が落ち
てくるかもしれないので、まずは机の下
に隠れます。そして、火事になるかもし

れないので、電気を消した方がいいです。でも、地震が起きて火事になることはめったにないから、あまり怖がらない方がいいです。

1) 日本で初めて地震を経験したからです。
2) 地震が起きたら、上から物が落ちてくるかもしれないので、まずは机の下に隠れます。そして、火事になるかもしれないので、電気を消した方がいいです。

제13과 | 軽ければ軽いほど、安くなります

문형 연습

1

1) このボタンを押せばおつりが出ます。
2) よく読めば分かります。
3) 恋をすればやさしくなります。
4) 安ければたくさん買います。
5) おいしくなければ食べません。

2

1) 重ければ重いほど高いです。
2) 食べれば食べるほど太ります。
3) 練習すれば練習するほどうまくなります。
4) 知れば知るほど知りたくなります。

3

1) もうお帰りください。
2) ゆっくりお歩きください。
3) よくお考えください。
4) 詳しくお話しください。

회화 연습

1

1) A どうすればやせられますか。
   B もっと運動すれば、やせられますよ。
2) A どうすれば女の子にもてますか。
   B もっと親切にすれば、女の子にもてますよ。
3) A どうすればきれいになれますか。
   B もっとやさしい心を持てば、きれいになれますよ。
4) A どうすれば話が上手になれますか。
   B もっと本をたくさん読めば、話が上手になれますよ。

2

1) A お誕生日に何がほしいですか。
   B 服を買ってください。
   A どんな服がいいですか。
   B かわいければかわいいほどいいです。
2) A お誕生日に何がほしいですか。
   B ケーキを作ってください。
   A どんなケーキがいいですか。
   B 甘ければ甘いほどいいです。
3) A お誕生日に何がほしいですか。
   B セーターを編んでください。

A どんなセーターがいいですか。

B 暖かければ暖かいほどいいです。

4) A お誕生日に何がほしいですか。

B 映画を見せてください。

A どんな映画がいいですか。

B 面白ければ面白いほどいいです。

청해 **연습**

1

1) じゃ、私の車で（郵便局）まで送りましょうか。

2) すみません、これ（小包）で韓国までお願いします。

3) （船便）は20キロ6800円で、（航空便）は11850円です。

4) では、こちらに（中身）と（値段）などをお書きください。

2

ジホさんはもうそろそろ帰国です。ジホさんは韓国に荷物を送りに郵便局に行きました。荷物が多かったから、佐藤さんが郵便局まで車で送ってくれました。ジホさんは佐藤さんが送ってくれて本当に助かりました。料金は軽ければ軽いほど安いです。また、船便と航空便があって、船便は20キロ6800円で、航空便は11850円です。ジホさんは船便でお願いをして、小包の箱の上に中身と値段などを書きました。

1) もうそろそろ帰国で、韓国に荷物を送りに郵便局に行きました。

2) 船便は20キロ6800円で、航空便は11850円です。

MEMO

가슴 설레는 일본 유학 생활 체험 회화

NEW どきどき 일본어 초급 下

지은이 이승영, 최정아
펴낸이 정규도
펴낸곳 (주)다락원

초판 1쇄 발행 2016년 8월 30일
개정1판 초판 1쇄 발행 2020년 9월 3일
개정1판 초판 2쇄 발행 2024년 2월 19일

책임편집 송화록, 임지인, 한누리
디자인 박보희, 이승현
표지디자인 장미연
일러스트 오경진

다락원 경기도 파주시 문발로 211
내용문의 (02)736-2031 내선 460~465
구입문의 (02)736-2031 내선 250~252
Fax (02)732-2037
출판등록 1977년 9월 16일 제406-2008-000007호

Copyright ⓒ 2020, 이승영, 최정아
저자 및 출판사의 허락 없이 이 책의 일부 또는 전부를 무단 복제·전재·
발췌할 수 없습니다. 구입 후 철회는 회사 내규에 부합하는 경우에 가능
하므로 구입문의처에 문의하시기 바랍니다. 분실·파손 등에 따른 소비자
피해에 대해서는 공정거래위원회에서 고시한 소비자 분쟁 해결 기준에
따라 보상 가능합니다. 잘못된 책은 바꿔 드립니다.

ISBN 978-89-277-1239-8 13730

http://www.darakwon.co.kr

- 다락원 홈페이지를 방문하시면 상세한 출판 정보와 함께 동영상 강좌,
  MP3 자료 등 다양한 어학 정보를 얻으실 수 있습니다.
- 다락원 홈페이지 자료실에서 MP3 파일(무료)을 다운로드 받으실 수
  있습니다.